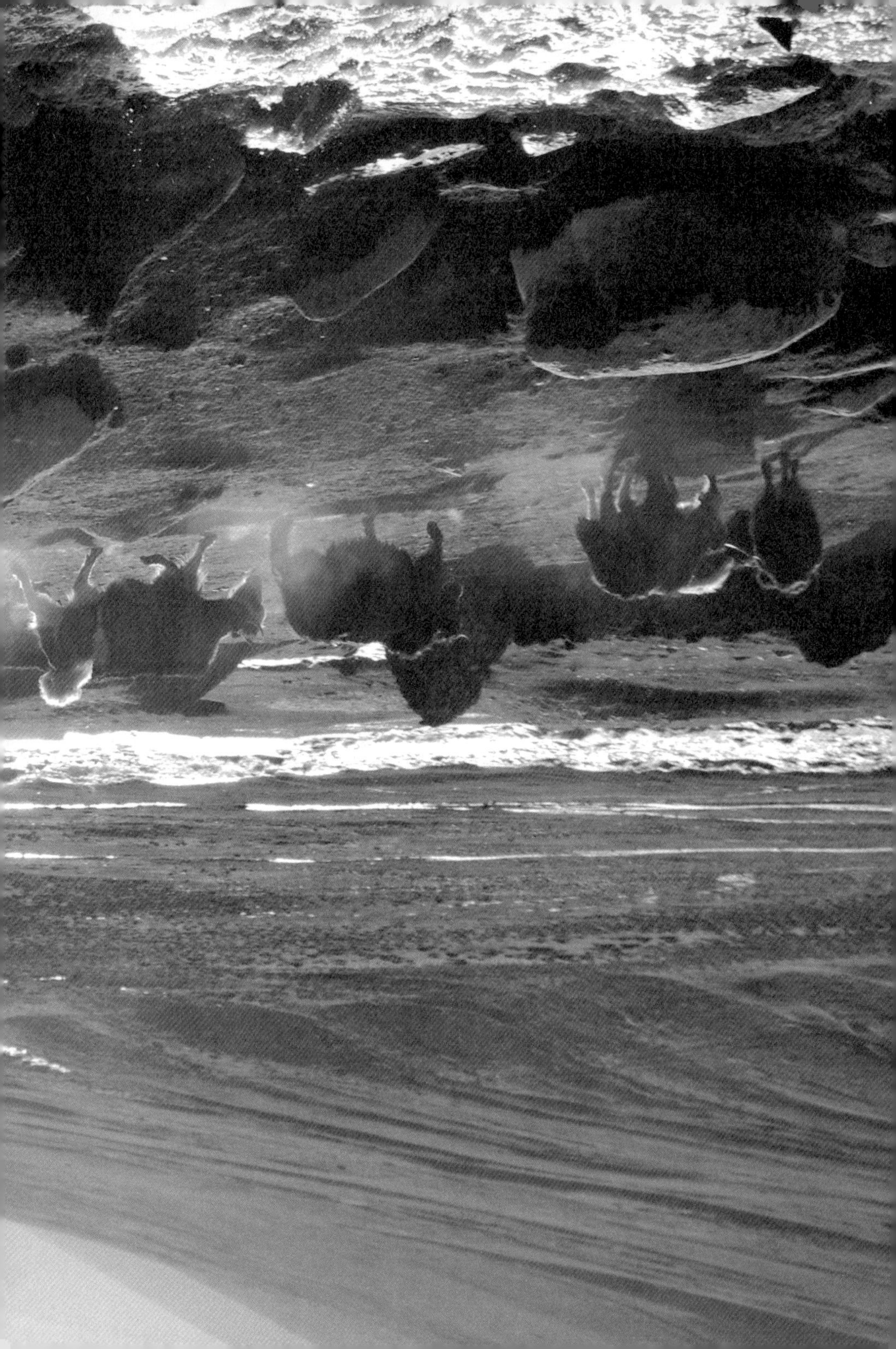

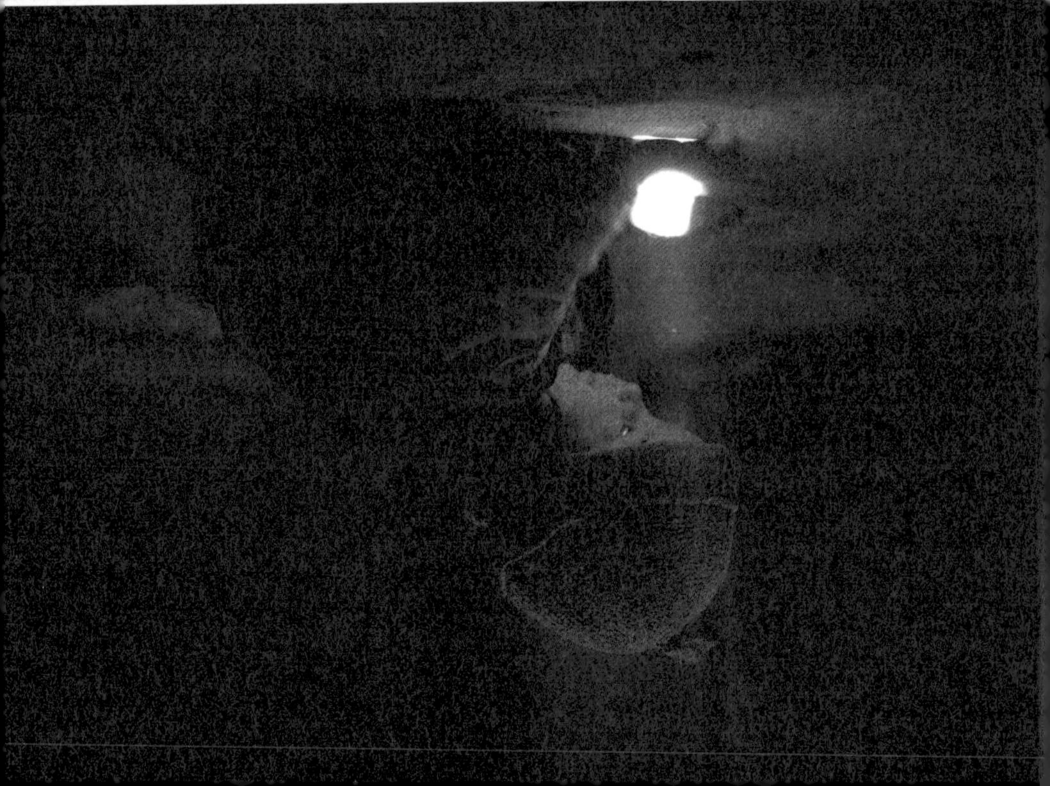

天之搖籃

劉湘晨　文・攝影

Canon

【推薦序】

天之搖籃裡的光影詩篇

——蘇非教派吟唱詩人的愛戀

陳念萱

北京與台北兩位彼此並不相識的朋友孫照輝和廣樹城，不約而同地強烈推薦了劉湘晨導演的作品，什麼也沒說，就是強迫我務必要看，因為他「著作、攝影與紀錄片的人類學紀實，豐富而感情深厚，看了便知道，無須多說介紹。」原以為必須找個精神好的日子來看「紀錄片」，誰知，才看幾分鐘，就讓我震撼不已，那像吟詩般的光影，飽足地述說了拍攝者對鏡頭下人物的愛戀。

自稱沒有信仰的劉湘晨，顯然被天地之間的真性情給感染了，一如他眼中的阿希克，可以終生讚嘆大自然的造物主，便能無怨無悔地活下去。

說起蘇非吟唱詩人阿希克，就不得不先說說伊斯蘭蘇非教團從中亞傳入新疆後，俗稱依禪派的浪漫修行之旅。一般人想起蘇非教，便出現了旋轉舞的畫面，彷彿招牌印記般，再沒有可取代的符號了。直到看了逐漸失傳的阿希克丐遊吟唱集會，才發現所知有限，而驚訝於那神遊其間的音律，竟可以是活著的一種甚至是唯一的希望。

因《太陽部落》而揚名國際的紀錄片導演劉湘晨駐留新疆多年，自稱是「靈魂早已內化為新疆人的偽漢人！」他總是熱情澎湃地述說著不同海拔的塔吉克部落，新疆的一切，彷彿是生生世世的糾結，無論如何都化不開的情緣，這輩子黏不完的份「下輩子還要繼續糾纏……。」

拿到《大河沿》後，只看十分鐘便忍不住到處打長途電話找人。這幾乎沒有對白的十分鐘，僅只是在帳篷裡用灰燼烙餅的過程，便因為鏡頭的光影流動，而發揮了神奇的魅力，讓我當下決定上網買機票，飛越海峽抓人。這個倉促決定非常值得，我帶回了讓人人讚嘆的系列攝影作品。

與劉導初見面，便領教了喋喋不休的本領，教人非常期待創作中的不朽作品《阿希克》，他說：「能完成這件作品，此生無憾！」

看完剪接了半年才完工的《阿希克》，才明白為何要用長達五年的時間追蹤拍攝。他急切地說明：「再不採集這些吟唱詩歌，怕都要失傳了，現在還有誰願意接續這古老的傳承？可這些都是彌足珍貴的文化寶藏啊！」

從事各行各業想方設法，阿希克多半以最簡陋基本的條件養活自己，各自延續著獨門的史詩吟唱，卻始終只有唯一的主題——讚美真主！就連讚頌祈禱的方式也很「統一」地把唯一真神當情人來糾纏，即便是犯錯懺悔，也像是跟情人撒嬌般地頻頻要賴道歉。仔細閱讀那一首接著一首的情歌，不到最後一句呼喊真神之前，都會很錯亂地誤以為這群阿希克真是天下最賴皮的情人。

劉湘晨照樣以自己最拿手的光影追蹤，遠近飄忽的視角，來穿透被觀察者的靈魂，坦蕩蕩赤裸裸地看見，那層層灰塵黏膩的衰敗老朽外皮裏，住著癡迷浪漫而沒有歲月著痕的無盡情懷。

信仰，真是無價的上癮症。

那一次次的歡聚與狂歌醉舞，總能讓所有人都像注射了強心針般，再回去面對無窮折磨困苦的人生。於是，粗茶淡飯甚至三餐不繼，都不能干擾對真主的無盡愛戀；總要一句句地不斷綿延吟唱，似乎才能挽救自己的人生，一切的考驗，也都值得了。

無論是高貴版的蘇非旋轉舞，還是苦行版的阿希克吟遊詩人，都是連結心中最親密的愛人：唯一的真神；對於旁觀者來說，那恰恰是最美麗的舞台祭典。

而不管是用任何創作媒介的劉湘晨，似乎是徹底拜倒在詩意般的人生裡，非要鑽進這些「天之搖籃」裡人物的靈魂，才心滿意足。他這份熱情十足的爆發力，怎麼也要傳染給周遭人，單單看他手下呈現的光影詩篇，便能明白那骨子裡的吟唱。

【作者序】

邊緣的詩意

劉湘晨

作為紀錄片人，每次在每個播映影片的場合，我總會說：「我的所有感悟和見解都在片子裏了，大家請看片。」很簡單，凡進入「片場」的人，感興趣的是影像和影像的描述，其他的都多餘。一部書呢？

《天之搖籃》是我在台灣出版的第一部繁體中文版的書——應該再說得直白些：是我直接面對台灣和世界所有繁體中文版讀者的第一部書，對我來說，別具意義。

我陸續已有六部有關帕米爾高原的書或影集出版，除描述柯爾克孜人山地生活的一本《留給你的高原》，其他文字和圖片描述的都是同一個地方：帕米爾高原東部邊緣。

第一次從烏魯木齊長驅二千公里到達帕米爾高原的塔什庫爾幹河谷，而後離開公路翻越海拔五千米以上的蓋加克達阪進入帕米爾高原東部邊緣，那是一九九六年。乘車沿著公路行駛轉為借助畜力或純粹依靠雙腳徒步，這是完全不同的兩種時態，我連續走了七天。這次穿越，對認識東部帕米爾高原的地理構成和絲綢之路的分布，都具有決定性的意義。

初到高原，地圖上僅有的幾座高山標識突然成為一個山的集群垛在眼前，層層疊疊，綿延無盡——帕米爾，更多的是由那些不見經傳、未被標識的山構成的，像是自家的孩子或一隻狗，塔吉克人都給這些山起了超乎你想像的諢名兒。」

稍稍深入，會意識到傍山的水。這裏水脈縱橫，總體而言，主要由塔什庫爾幹與箚萊甫相河兩大河流網系構成，你能從中找到許多歷史與人文構成的依據。

再深入進去，每一個路過的地方都有可能遇到相熟的人，走進每一家都會得到一個塔吉克人所能得到的款待，你可以感受到只有家才有的那種暖意。這時候，你開始用眼睛讀在眼前出現的每一張面孔，並試圖弄清楚每張面孔彼此之間的關聯，及血脈相距的遠近。

我理解的帕米爾高原東部邊緣，是從烏孜別里山口往東跨過蓋孜河谷，翻越河谷東面的重重大山，抵達箚萊甫相河谷再沿河南去，一直到昆侖山口的廣大地段。而我長期駐留的地方僅是箚萊甫相河谷的其中一段，一個沿著河谷零散分布，叫作勒斯卡姆的小村子。那兒的人有兩點讓我印象最為深刻：

水磨磨的全麥粉打的饢是各家每天的主食，客人的到來是停下所有活動的理由，從生到死的每一個場景和細節都離不開整體部族的關注與參與，人的相互依存是生存最重要的支撐。在這裏，不可能會有人被棄之道邊而無人眷顧，不可能會有隨時隨地對別人的圖謀。

另一個特點是他們對雪山、鷹和食物都充滿敬意，尤以對太陽的崇拜最為突出，形成了禁忌、圖騰和專門的節日，歷經數千年未受影響、不曾改變。

關於生命與生存，關於心靈與精神，關於今天與未來……一開始，僅是人類出於兒童心態的惑與問，到了今天，與此相關的宗教與學說，已發展得與各自原宗相去甚遠、成為非專業人士無法識讀的龐大系統，不知道是不是一種文本濫施的「秀」？其實，對高原塔吉克人來說，這都是很簡單的問題，毋須太多言說，人們就能擁有簡單的世界和簡單的心靈，甘苦盡蘊其中。

這是不是更具詩意和浪漫精神、更具人性和道德意義的生活呢？

我不能全解。我只寫了讓我感動的每一天、每一件事、每一種情景和每一個人，匯成一本書，與每一個讀到這些文字的人分享。

寫於外出途中
二〇一〇年十月九日

目錄

新牧場穹托闊依

轉場

回家

帕米爾高原初識

劄萊甫相河谷的東岸是典型的沙礫荒漠，無數年沉積的沙屑擁掩著大小不一的石頭，使腳底的路面有兩種完全不同的質感。這些石頭在持續不斷的風化之中，小的可把玩於指掌，大的兩人或數人環抱不及，久經曝曬，裸露的一面一層鐵礦石褐色或黑色的釉質，散落在淺色近於蒼白的大片沙原之間，時間一下被推至洪荒年代，而你則是那個年代走來的第一人。

呼哧促喘的駱駝壓著後脖頸。回頭一望，勒著縱橫幾道的鐵絲，擋不住不斷湧噴的白沫子堆滿駝嘴。駱駝的鼻子能嗅出幾十公里外沙地地底的隱約水汽，牠的眼睛能看到數百步之外有一隻沙蜥倏間吐出舌信子。這個時候，駱駝整天昂著頭，以一雙銳眼環視荒原，一隻沙地麻雀飛過也會讓牠跺著蹄子狂躁不已，任人拽得兩個鼻孔裂滲出血也拽不住。這是公駱駝一年最暴烈的時候，刺鼻子的腥騷氣，使遼遠廣大的荒原有了更確切的一種季節屬性，遠處的雪豹和狼也會繞著走。

一霎間，我為再次進入帕米爾山地的時態，找到了準確而形象的一種描述方式：

公駱駝發情的時候，我又回到了帕米爾。高原廣大，劄萊甫相深切的河谷讓人盪氣迴腸！

劄萊甫相河是融入塔吉克人血脈的母親河，語意是：流淌著金子的河流。

大凡與一個民族血脈淵源久遠的河流，其命名的動機有可能出於地理原因，更重的是心理沉澱。在整個東部帕米爾高原，對地理和人文構成影響的河流一是劄萊甫相河，另一條是塔什庫爾幹河。

兩河相比，跨越近兩千年，塔什庫爾幹河在史籍和人們印象中的比重都遠遠高於前者，最重要的原因是，當時朅盤陀國國都的北移，和喀什葛爾作為絲綢之路中心樞紐的確立，這就是我們今天尚能看到的石頭城遺址。實際上，直接承接喬戈里冰川融水的箚萊甫相河，遠比塔什庫爾幹河流量大，才有可能形成足夠的衝擊力，最終在高原上沖鑿出一條開闊的大道供人畜過往，而決定了她在民間傳統中的地位和更突出的土著特色：

箚萊甫相河是帕米爾高原與喀喇昆侖山西端的一條界河，流量為東部帕米爾山地之最，對本區地理及人文形成的影響和作用，都遠大於塔什庫爾幹河；因更多地理的接近，未離絲綢之路左右的塔什庫爾幹河，在保證充足給水的同時，更藉以橫貫歐亞的絲綢之路而使她的聲名遠播。

事實上，在朅盤陀國國都未北遷之前，沿箚萊甫相河自北向南再折向西直接進入瓦罕走廊，一直是溝通高原各處的主幹道，當時的國都就是如今的「公主堡」遺址，與西元六四四年唐玄奘《大唐西域記》所描述的石頭城相距一百多公里。由於遼闊的面積與更好的水土條件，使得塔什庫爾幹河谷成為遷都的最佳選擇。另一個原因是：踞守公主堡，瞭望絲綢之路蜿蜒而來又進入瓦罕山谷，朅盤陀國永遠都是大道的一個附屬；北遷之後，既可得大道之便，又有了更為遼闊的經營空間，由此，箚萊甫相河退出了人們的關注視野，塔什庫爾幹河漸漸成為東部帕米爾最重要新的地理座標。大概就是從這個時候開始，南道絲綢之路漸漸放棄了由葉城、莎車、英吉沙一線進入昆侖山的傳統線路，而改為由蓋孜線直接蔥嶺大道。

塔里木盆地是這個世界最乾旱的大陸之一，周圍高大山脈的阻隔，使她擁有獲得調劑、理解並建立聯繫的天然願望和動機。對於這個封閉大陸，一條大道就是其所有心境與情緒最準確的表達，這個歷史比後來這條大道被重新命名的那個年代要早很多年。

如果視點是整個天山以南，作為縱貫塔里木盆地的塔里木河上游河流，叶爾羌相河孕育了環塔克拉瑪干沙漠所有那些最美麗的綠洲！不過，如今大多數的地理描述中，叶爾羌相河常被葉爾羌河所涵蓋，人們多知道有葉爾羌河而不知有叶爾羌相河。實際上，自昆侖山口大片的沖積戈壁南越，一直到喬戈里半山之間的冰川舌部，這條匯集了無數山地流水的洶湧水脈今天通被稱為葉爾羌河，她的上段為克爾欽河，河流流經地域騎著駱駝需要走五到七天；下段就是叶爾羌相河，整個河段騎著駱駝需要走九天或者更多的時間。

依據今天人口分布的格局看，東部帕米爾高原的塔吉克人以塔什庫爾幹縣城為中心高度集中，四周分布漸漸稀落。後來，最遠的地方已成為中心地帶難以理喻的邊緣。

為了尋求新的草場，最早的先民開始跨越大道以東的山地，創造了碧玉般一連串兒遠離中心的世外村落，就是今天散布在帕米爾高原東部邊緣，一系列人類的聚居區。最大的有數十戶人家，最小的僅有一戶人家，她們有一個通稱：勒斯卡姆村。行政區則是：中國塔什庫爾幹塔吉克自治縣達布達爾鄉。關於村名，有一種說法。

「勒斯」是維吾爾語「最好」的意思，「卡姆」是漢語「礦」的轉音，寓意這是有寶石的一個地方。當地有一句帶有訓誡意味的俗語：

坎土鏝（維吾爾農具）把子不抓，饢（食物）哪兒來？

勒斯卡姆不去（因為遙遠），礦（寶石）哪兒來？

其實維吾爾語加漢語這種表述方式流行不過幾十年，勒斯卡姆村的歷史一下子變得近於幼稚得讓人不足信。關於這點，可以有如下三種解讀：

• 勒斯卡姆的歷史確實短：我曾看過勒斯卡姆村幾個主要居民點的墓地，最早死去的人距今不會超過三代以上。

• 「勒斯卡姆」只是「今天」勒斯卡姆人的記憶：勒斯卡姆人僅以燒柴為生，現在砍柴、馱柴已是各家頭等緊張的事，土地墾殖近於極限，原有的墓地在山地不斷的崩塌之中早已蕩然無存……。

• 歷史的久遠往往有童話的簡單：我曾仔細記錄了前往勒斯卡姆村沿途所有的地名，如莫力吉蘭（一種牛愛吃的草）、沙特馬里克（樹棚屋）等，都是最先抵達的人以第一眼看到的東西隨意命名，最終習慣成俗，全不似敦煌、嘉峪關、輪台、走馬川……這樣的地名兒有西風蕭瑟的雄渾意境和深遠文化蘊意的附加。

稍作梳理，從發生形態上細細揣度，我不禁大為吃驚：勒斯卡姆人的心理尚處於一個沒有史詩、神話和尚沒有形成任何傳統的年代，簡單極致的心境亦如祖始初蒙！

新牧場穹托闊依

在帕米爾高原，只要有一次對視，你就會對塔吉克人的眼睛留下印象：有鷹眼的銳利和大山暗影之下湖水的藍。

塔吉克人最極致的抒發方式就是舞蹈，男人、女人，老人、孩子，悠然恬靜，壯懷激越，或者就是一次調情，所有的語意只用一個動作表達：鷹翔。正因為這個原因，同大多數人一樣，我長久將塔吉克人視作「鷹族」。

一九九六年，第一次翻越「蓋加克達阪」深入帕米爾高原的東部邊緣，我走的是塔吉克人的山間牧道。兩天之後，第一次看到「箚萊甫相河」，實際上是完成了從塔什庫爾幹河谷到箚萊甫相河谷的跨越。這是典型的凹形河谷，最寬的地方有一、二十公里，河谷兩邊所有的地貌近於垂直矗立，岸、崖，從山頂到山腳的大陡坡和巨石，還有垛在山頭的雲壘，在最近的距離擠擠挨挨地對峙讓人瞠目，人牽著駱駝踩著一條羊腸道，走出去兩三個小時也看不出移動……。

這段河谷走了五天，是我第一次穿越東部帕米爾高原最重要的地理標誌帶。我走過塔吉克人一連串的聚居點：依沙布拉克、烏魯克、托庫孜布拉克、克克塔西、包先迪江、阿孜尕拉……。

這些村子，可數的居住史，最長的不超過十代人，有助於在最近的距離看清人類行為最初的軌跡和動機，這讓我極其興奮。在這些村子中，有一個村子二十世紀七十年代中葉始有人墾荒，黃褐色的大山環抱之間，礫石橫陳的河漫灘漸漸被一片綠色掩隱，她的名字本身就是其歷史的最好演繹：穹托闊依，意為——新牧場。

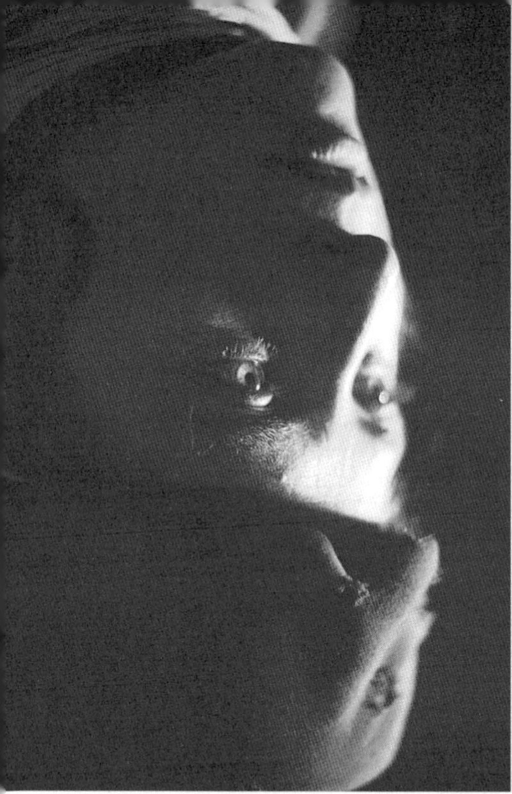

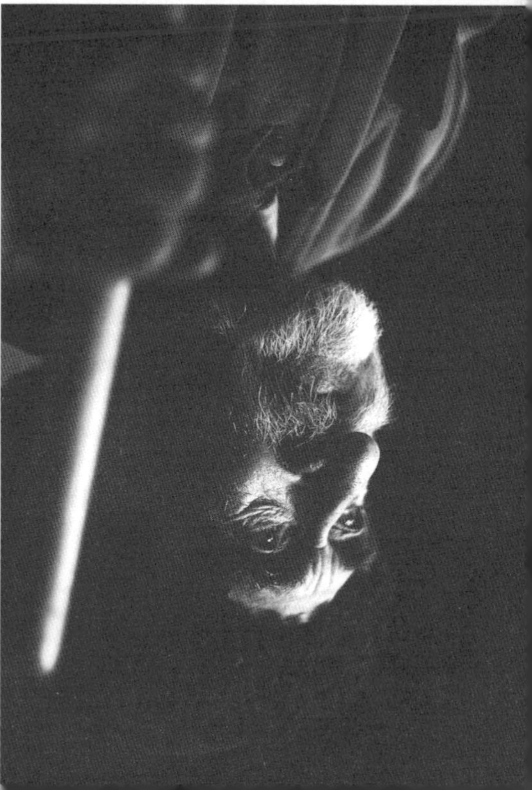

山父慕士塔格

穹托闊依的一年四季，除了盛夏的綠和深秋的黃，幾場勁風之後的凋敝會一直持續到第二年的四月。樹和草，沒了葉子和綠意；樹幹、草稈兒近於土色。風從北面的山谷或南面的峽谷吹來，伴有揚沙持續推進。迎風而立，能感到衣襟撕扯、肌骨透侵的強勁。對面的山壁，隨著太陽的升起，山壁上刻蝕的水跡線赫然呈現。每一道褶皺或水跡線，跨過去都在數十或數百步之外，這整個山體，就是帕米爾高原東部的高大邊緣！

穹托闊依沒有雨，山上卻不少雪，雪線的高低就是一時或一年的寒暑變化。西南角最高的一座山峰常年堆雪，盛夏偶有雪崩潰塌。就是在一次雪崩的時候，我和勒斯卡姆村最年邁的長老吾守爾·尼牙孜在一起，這位一〇四歲的老人，望著雪崩滾落的大山感慨萬千地搖著頭，而後低歎一聲：慕士塔格……

從此，我才知道，慕士塔格並不為帕米爾高原的某一地所獨有，每一個塔吉克聚居區或在每一個塔吉克人心中，都會有一座「慕士塔格」！這座山至高無上，被視作神靈之所，會給人類以庇護，其本意為冰山，引申有「山父」之尊。而崇敬雪山，則是塔吉克人普遍的「心結」，他們將河流、草甸、畜群、及地面所能生長的一切，都視作神聖山父所賜予，吾守爾·尼牙孜老人的萬千感慨，融含著一個民族的血脈沉澱與久遠心履！

在東帕米爾，冰山融水開鑿了縱橫散布的一條條水道，為牧人吆著畜群過往和後來大道的選擇創造了條件；另一個重要價值就是為人的聚居，提供了最重要的依存背景。笍萊甫相河自南向北延伸，流至穹托闊依這一段，河床西岸緊依帕米爾東部的高大邊緣，另一面卻極為遼闊，使得大河盡可以恣肆縱橫，分流推進。水勢旺的年景，河流任意改道，沖決堤岸，鑿出新河道，讓人隔年望去都會陌生，東岸的河床版圖也會隨之有所改變。

我曾看過河流從第一片的冰絨如花，到大半冰封的全部過程。而河面不會整個冰封，其中的變化，是穹托闊依最鮮明的季節標誌。

水脈

夏日沒及駝腹的河水隱去，駱駝可以踩著冰面行進，旅人出門最驚險的情景不再。這個時候，隨時可以看到駝隊馱著山外購置的東西從冰面上過往。河面冰封的季節，最直接的影響就是穹托闊依後山的一條水脈斷流。這條水脈，我長久以為是泉流，此處的每一株樹、每一片地和人畜飲用的水，都有賴她的終年流淌。後來，我多次登上後山，才弄清楚這條水脈的來路非同尋常！

後山位於河的東岸，與河西岸帕米爾東部的高大邊緣相對，以位於最東側的一色赤裸岩壁為制高點。岩壁下，整個山地正處於持續的風化中。厚厚的塵屑覆蓋層很遼闊，分為三級台地一直鋪去，最後與遍是裸石的河灘銜接。若沒有水，一隻鳥飛過或隨意丟一個石子，都會濺起一陣塵灰飛揚！

除了每年種的青稞、小麥和大片草甸，崖邊兒、灘頭和週邊荒地，長得最盛的是紅柳和沙棘，這些野生植被的生命力不可抑制，長勢強勁瘋狂，都有碗口椽子的粗壯和四、五個人疊起來的高度，樹冠如雲絮飄搖的姿態，一片望去，讓人與華麗的非洲錯亂。

水流季節性的斷流，使吾守爾家的姑娘和年輕媳婦們每天取水的地點改變了，不得不走去半里外的一眼泉提水。她們的服飾和頭巾都是最鮮豔的紅和黃，款款走過，穹托闊依的整個面目隨之展開……。

冬季河水大半冰結，泉眼清澈，有魚苗在水底遊動。兩處的溫差大，整個草甸的泉眼不止一處，水面倒映著遠處山影的幽藍和冬春草甸的蒼黃，枯色的樹幹有詩意的委婉搖曳。

清晨是屬於鳥兒們的，沙棘樹冠之上跳躍的小鳥兒在啄食上一季的紅色沙棘果，布穀鳥、水雉、隼和鷹都會讓你的眼簾不時被掀動，最華麗的是錦雞，倏然飛過，猶如一束燦爛絢麗的光束劃過。鳥兒們在歌唱，細碎、雜亂或嘹亮悠長，恍然間，讓你置身於達文西筆下《麗達與天鵝》的畫境。山地的夜褪得遲，裹在睡袋裏久久不願離開。老吾守爾和次子祖木來提的禱告聲是每一天的序幕，起身走到外邊老遠了還能聽到誦經聲持續。

天色接近正午，月亮和少許的幾顆星星尚未褪去，另一邊卻是太陽照耀。空氣純淨透明，草木山石及所有的景觀都清晰得讓人看上去有一種不真實的縹緲，鳥兒們的鳴囀、畜們的嘶叫，和更大背景的河水在勾勒時空的隱約邊緣，人被深深感動，而後是徹底放鬆，一霎間湧起駿馬奔馳的欲望！

十幾年前，從塔什庫爾幹縣城翻越海拔五千三百米的蓋加克達阪走了七天，第一次來到老吾守爾夫婦家。他們前後育有十個子女，女兒們出嫁組成各自的家庭，三個兒子門下則至少都有五個孩子，孩子們成家又有了各自的孩子，每天打兩次饢尚顯不足，老吾守爾每年都會去數天路外的地方將一千五百公斤的麵粉馱運進山。一幢石頭垛的老屋被濃重的煙氣、汗氣、尿腥氣和四周畜的喘息熏透，有牛糞火的熱度溢出。牆壁上半懸的門和窗靜默無聲，卻讓你覺得似在注視或講述一個無盡，這個屋與這家人的聯繫就是述說的主題。

這個屋，以開膛的灶坑為重心，距灶坑兩步外是陷下去半膝的一方凹池，屋內人的走動、迎客宰牲或婚慶跳舞都在這裏，相當於城裏人的中庭；三面是相連的炕，每個炕角都有一根柱支撐，以灶坑左面的炕為貴，待客或客人留宿都在這兒，沒人的時候，這是長子達吾提和他老婆睡覺的地方。對面的炕是老吾守爾夫婦的臥睡之處，這個位置面西，方便兩位老人每天向著麥加的遙遠方向早禱。右邊的炕多是孫子和重孫們的領地，家裏的女眷們聚一塊兒吃飯也在這兒，一輩人一輩人的銜接、交替由此清晰顯示。想像著三面大炕鋪開一家四代人的情景，讓人有血脈激湧的震撼，這個記憶牽著我在十數年間數度重訪，老吾守爾守著與我的相約，留著這幢老房子一直到今天沒拆。

多少年過去，如今屋裏的孩子們，比當年那些孫子輩還要小去十一、二歲，剛會爬或剛能蹣跚，把尿、穿衣、餵飯，四、五個小傢伙弄得吾守爾一輩的三位老人，和長媳、二兒媳五個人一早都在忙；不時，老吾守爾會撂下飯碗拎起繩子拽幾下，房樑上懸墜有兩根大繩，大繩捆的搖床裏是他數十個孫子、外孫中最小的一個。孩子哭得急，孩子的媽會擱下手裏的活兒撩開衣襟把乳頭塞進孩子嘴裏，在最短的時間裏讓他的哭聲漸息。熊熊的灶火燎著屋頂的天窗，火的背景前，哺乳的女人和孩子讓人心裏溫情溢流，這是整個帕米爾高原最深刻的隱喻。

太陽部族

任何時候去塔吉克人家，進屋首先面對的就是灶坑，這幾乎是每天無數次發生的朝覲。當媳婦姑娘們抱著柴進屋架火，先踏入的是略低於周邊炕和灶前台階的屋中凹池，再跨上一步才能走近灶前，形成逐漸遞進的一個三階攀升過程，這是典型表達崇尚的儀軌。灶坑所處的位置非常重要，高高在上，位於中央，是所有祭祀儀式的共同中心。灶火升起，光亮和熱可以幅散整個屋內，頂上就是直通天的天窗，由此完成了塔吉克人心裏最神聖的表達，和對這種表達最完整的呈現。

遠離塔吉克人生存現實的人，永遠不會理解一叢熊熊升騰的火，在塔吉克人心理層面的深刻影響和所能有的巨大喜悅。他們是崇拜太陽的子民，我對塔吉克文化最重要的貢獻之一，就是第一個將他們命名為「太陽部族」，火則是太陽最直接的指代。塔吉克人至今相信，影響雪情、水情、草

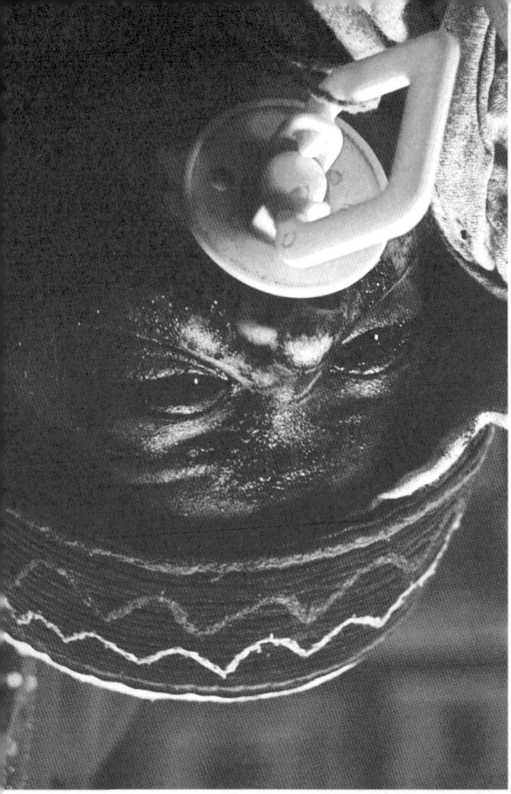

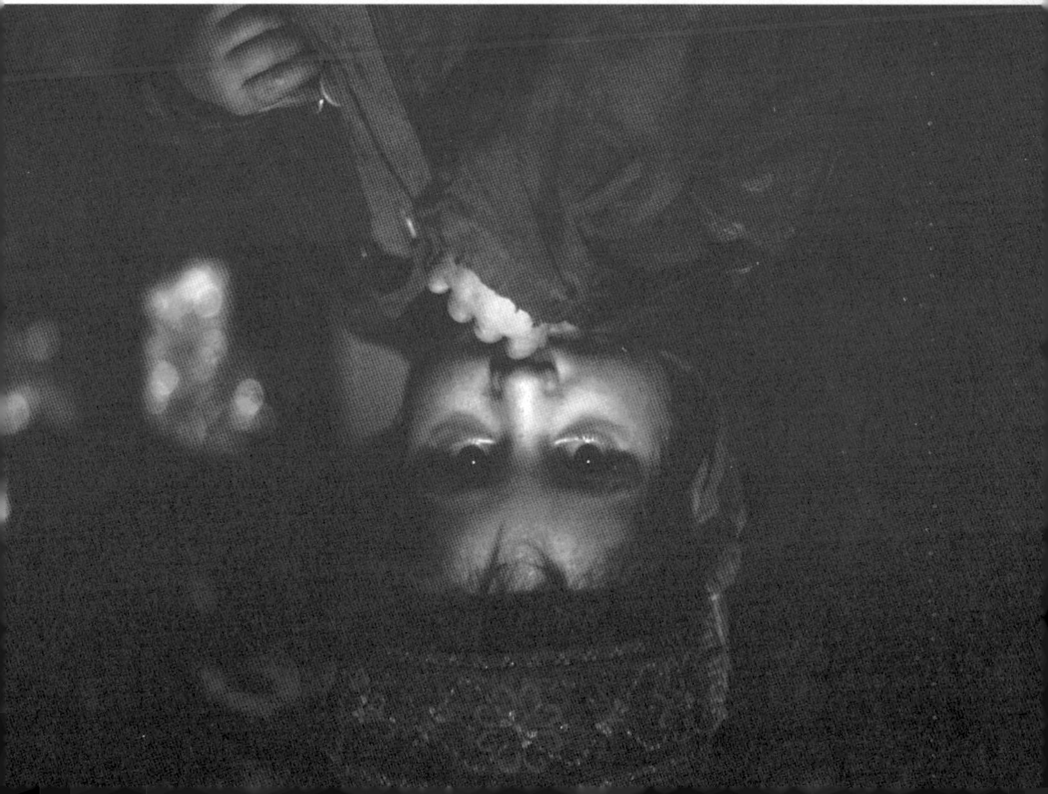

情、畜情和生命的終極力量依然是萬世普照的太陽。他們恪守所有火的禁忌，有專門拜火的儀式，火和火苗升騰所能竭盡貼近的天，就是他們精神世界兩個最重要的、居於最高位置的圖騰物象。在肖公巴哈爾（春節）和皮力克（火把節）節前，及我曾參加過的兩次婚禮，都看到這一家的長孫媳婦塔吉古麗在用麵粉仔細描繪著一幅圖景。

由於高原的嚴酷，食物具支撐生命最原本的意義而被視作最神聖。無論在自己家，還是外出做客，即使滿桌珍肴足以滿足對食物的所有欲望，塔吉克人也會在一開始或最後掰一小塊兒饢吃，掰的時候和吃的時候都會滿懷敬意，像是在履行一種儀式。他們對食物極致理解的另一件事就是對麵粉的運用，婚慶或節日，都不會缺拋撒麵粉這個環節，人身上、贈送的禮物、騎的馬或駱駝、畜圈，都會被撒上麵粉，這是最好的祝福和最極致的祈願表達。

塔吉古麗在牆上描摹的圖畫，用的就是麵粉。手指沾著水先畫圖樣兒，再以麵粉沿圖樣兒描畫，首先畫的是一圈一圈的圓，從中心外延逐漸增大，最後完整呈現出一個太陽，這是塔吉克人的終極圖騰。由於海拔高，樹木稀缺，塔吉古麗仔細描出的第二幅圖就是樹，在太陽的兩邊一邊一棵，整個畫面有版畫刀鑿的拙與岩畫的簡單。

一切都被省略了，只有太陽照耀，迎風而立的樹在歡悅舞蹈，塔吉古麗用麵粉在描述塔吉克人最大的喜悅和最神聖的嚮往。

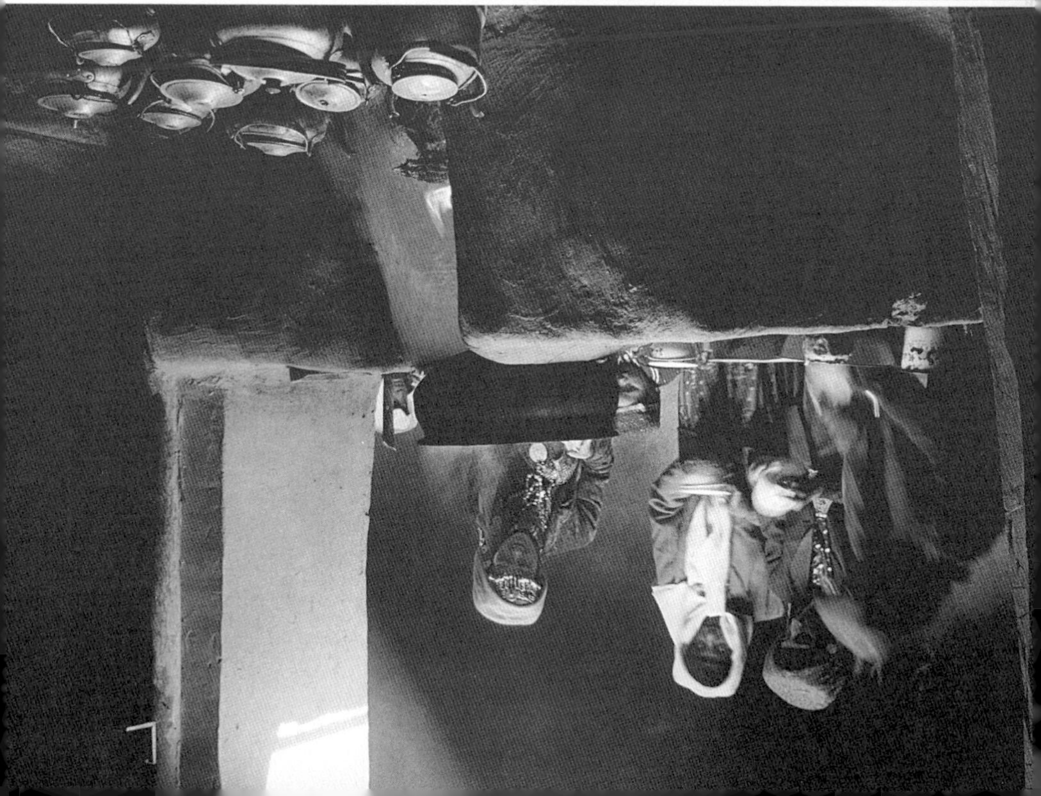

帕米爾絕世的豔麗會在任何季節的任何時候展露無疑，也會在瞬間消失得無蹤無影，恍若一夢。整個冬季的清澄在一場揚沙之後被拂去，來自塔克拉瑪干沙漠遙遠腹地的風塵以最快的速度，在最短的時間內覆蓋了東部帕米爾高原，這是整個天山以南每年持續六到七個月漫長風季開始的訊號。唯一能隔絕風塵的地方在屋裏，仍能看到沙塵透過天窗簌簌掉落，驟然暗淡的光亮如煙飄移，用手輕抹一下，就能想得到碗台、灶和所有的被褥上都蒙著灰。

高原的嚴酷並不僅是讓人難以承受的海拔高度和過於遙遠的地理邊緣，人只能以自身的僅有面對、支撐，沒有依傍。僅在兩年前，二兒子祖木來提的女兒因難產死去，在帕米爾東部邊緣，這是每隔幾年就會發生一次的事。女人一旦臨產，沒有任何醫療救助的保障，狀態近於塔吉克人畜群年年都會經歷一次的情景。每當接春羔的季節來臨，一家人晝夜守候，女主人最忙，以她的雙手為每一隻小羊羔接生。想像著自己曾經的生產過程或正在臨近的產期，不知道這些女人們會有何感想：為自己慶幸，還是更悲哀？

塔吉克人至今保留著給每個新生兒塗抹一臉杏仁兒黑的做法，解讀的版本多得連他們也說不清哪個版本更接近原初的本意。其實，只要對他們生存實質的嚴酷性稍有體悟，就能理解這是對生命最大的禁忌設定和避諱。塔吉克人普遍不希望客人對他們孩子給予更多的讚譽，其間的心理曲婉難言。由於絲毫不敢大意，通常的做法，是把產婦送回娘家，或把娘家母親接到婆家守候，希望借助上一代的經驗順利生產。另一個從不說破的原因是，一旦發生意外，婆家人至少能減少一份情感壓力，以規避責任。

女兒的過世，使祖木來提一家對她唯一遺世的女兒妮薩格外多了一份心意。

在以往的帕米爾行旅中，我注意到塔吉克人投入人際之間的格外敏感和關注。每有客人到訪，從進門到在坑上落座，同樣的問候會重複三次。遇到這一年有家人過世的親戚，同樣的問候再重複一次；過世若不到一年，屋裏即會被一片悲情淹沒，這是男人的擁哭和女人的喪歌。

嚴酷的生存環境使人際關注成為他們內心最為敏感的神經，高山曠野之間，給人足夠支撐的東西不僅是食物，人的相互關照成為彼此最重要的肯定，維繫著在高原上生存下去的所有信念。單調的生活是一種天然遮罩，相隔遙遠的距離是頻繁交往最大的障礙，親情因此成為塔吉克人每個家庭最核心的內容。

同樣是風塵彌揚的一天，一位老人牽著兩峰駱駝在即將天黑的時候來到了穹托闊依，他走了一天的山路。老人住了下來，與老吾守爾一家人同吃同住，不時說些無關輕重的話。我就疑惑：不知道他與老吾守爾一家的疏親，不知道他來此地的目的。

說起來，我與這位老人相識，他叫霍加木那紮爾。十多年前，我曾租用過他的駱駝，還知道勒斯卡木村最漂亮的一位姑娘是他的女兒。他與老吾守爾一家的關係，則是我最大的盲點。

老人住了整整一周，直到走前的一兩天見妮薩不時偎在他的膝下，我才弄明白他是妮薩的爺爺，祖木來提的親家。老人待了一周沒吭聲，原是遠道來接孫女回家的，卻絲毫沒有著意渲染。細細琢磨，其間充滿細膩的考量和小心的維護。為了接妮薩，極擅言談的老霍加木那紮爾一直捱過整整七天沒有提半句。他不想讓傷悲不已的祖木來提一家再次感受痛苦，也不想因為馬上可以接走孫女而讓他們一家過於失落。

妮薩對爺爺一開始並不是太在意，更多的時候都偎在外公祖木來提的懷裏。要走的前一兩天稍有變化，孩子與兩個爺爺都保持著一種不遠不近的相等距離。等到要離開的這一天，與爺爺更多地在一起，外公明顯地被冷落，祖木來提一張臉雖然極盡表現得溫和泰然，但仍繃得有些過緊。

一家人做了最好吃的裝滿一個馱帶，找出最鮮亮的衣服給妮薩穿上。孩子哪懂其間蘊含的深淺和微妙，在百般呵護她的一群人中間雀躍，直到被抱上駱駝的一瞬，妮薩哇地開始狂哭，小臉一霎形容狼籍。這時候，我看到祖木來提夫婦也各自穿戴整齊，牽著駱駝過來準備和老霍加木那紮爾一起走，小妮薩才轉涕為笑。在眾人的聲聲祝福中，他們帶著妮薩走了，直到消失在樹影之後還能聽到小妮薩朗聲的笑傳來。

送行的人中，哭得最痛切的是塔吉古麗，這個時候我才弄清楚，她是老霍加木那紮爾的另一個女兒。再細看看，她的眉眼和其間的湖藍與當年我曾見過的那位絕世美女完全一樣，老霍加木那紮爾就是她們共同的血脈淵源。塔吉克女人，一旦出嫁，丈夫就是所有生活的中心，以此維繫一個家庭，在飄蕩高原生活中始終保持著穩定。回娘家的機會極少，與父母相見是一輩子也不會有幾次的奢侈，所以每次見面都帶有訣別的痛。

這個故事後來的結果是祖木來提夫婦一去十天未歸，直到小妮薩漸漸適應了爺爺家的生活才返回。祖木來提夫婦對小妮薩的愛有著無以言盡的綿長哀傷，這個小天使，是他們愛女遺世唯一的留存與憑據，一份愛隱含著痛，才會更深切直達記憶皮層的最深處。而這，何嘗不是高原的過於嚴酷潛伏、沉澱在塔吉克人生命與對生命體悟方式中的一種表現呢？

抑鬱，苦澀並帶有些許的無奈，基質是堅守與執著。

買熱買提江

每天出入老吾守爾的家，總覺得有股刺鼻的異味兒。仔細分辨，蜷在房屋四周的牲畜、孩子尿濕的衣褲、泡在木盆裏的優酪乳疙瘩、久貯黴潮的皮子、汗和塔吉克人的軟皮靴……什麼味兒都有，又都不是，這讓我極感疑惑。

買熱買提江是祖木來提唯一的兒子，除了在烏魯木齊幾年的就學經歷，能用漢語交流也是他每天來看我的原因。閒聊間，買熱買提江告訴我：他的老婆要生孩子了。

多年前，大學即將畢業時他曾找過我，希望以我的影響能在烏魯木齊找一份工作。這個願望一旦實現，可以想見，他的人生軌跡將會完全改變，最終告別塔吉克人在高原上世代延續的生活。這件事未能遂願，回到穹托闊依後，短短幾年他已有一兒一女，再加上即將出生的一個，三十歲不到的年齡很快已是一個五口之家的丈夫。當不止一雙眼睛在你的背影中看著你，生命會有一種天然的厚度並因此被延伸，這就是血脈的迴圈。

聽到買熱買提江講的這個消息，我有種幡然回過神兒來的感覺，突然意識到讓我疑惑長久的異味，確切的是一種殘血的腥氣。這種腥氣，若隱若無不著形跡，突然遭遇，讓人和獸的神經都會為之在一霎間異常亢奮，所有其他的氣息相形輕淡，唯有這個氣息持久、悠長，極富穿透力。其實，買熱買提江老婆即將臨盆的症狀並不明顯，臉上沒有鏽斑，肚子不大，讓人一時難以相信。

帕米爾高原上的女人，遠沒有藏地女人的性狀特徵明顯——沒有寬厚凸翹的唇、直接表露性狀資訊的臀和乳房。我一直不明白塔吉克女人吸引異性的奧秘在哪裡？高原的嚴酷實質不可能造就豐乳肥臀，相反，會是一種累贅。沒有身體異常突出的性狀特點，使得塔吉克女人鮮豔的衣飾和頭巾成為必須，讓她們在高原上隔著幾公里就會成為最重要、最具吸引力的關注重心，塔吉克女人由此被稱作帕米爾高原最靚麗的一道風景，這不僅是一種極具浪漫意味的表述，更是她們所有魅力的完整呈現。

買熱買提江對他老婆的提示，讓我覺得整個穹托闊依的氣息都在強調一種確切無疑的屬性：太陽的升落，四散遊走的羊，不斷飛起的野鴿群……。這些物象，都有了完全不同的賦予，能讓人感到一種歡愉的情緒在時節不斷的遞進中流溢。

冬窩子庫尼黛爾

從穹托闊依向南再向東，實際上是逆河谷而行。傍午之後或接近傍晚，從一幢高大岩石的側面有北向的一條峽谷豁裂，這就進入了老吾守爾家的冬窩子庫尼黛爾。

我曾隨老人家的幾個孫子多次進出庫尼黛爾打柴，那時候，隨溝裏一條河水延伸，未經更多人為意願扭曲的柳樹濃密高大，可想像在夏季綠意蔥籠鋪滿山谷時，顯出一種毫無顧忌的恣意。峽谷之中，只有一間純石頭垛的房子，大部分時間閒置無人，只有等到這個時候，當炊煙升起才會有隱約的奶茶飄香。

這個牧季最華彩的段落已經開始了。庫尼黛爾，距一家人集中居住的穹托闊依有一天的路，但是，明顯能感受到全家人的注意力這時候都投注在此，生了幾隻羊羔或又死了幾隻羊羔，無不牽動人心！塔吉克人世代踞守高原，有限的草場和短暫的草情，使他們不得不開闢農區，作為必要的補充，這決定了他們大致的生存格局和生產方式：有一半的農區和一半的牧場人力投入。

牧場的四季輪轉，使得一幢能夠長年居住的房子成為奢侈；農區種的青稞、小麥和每年能夠割兩到三次的牧草，都有相對的恒定性，這使得農區的中心位置得以確立，由此決定了婚禮所要的場景和墓地的選擇。但是，遊動的畜群和一年所能提供的奶、毛、肉以及由此產生的頻繁交換行為，都使塔吉克人有著更深的「牧場情結」，足夠數量的畜群在今天亦是財富最重要、最確切的象徵。

老吾守爾家一年農牧區的分擔，主要在長子達吾提的兩個兒子馬木提和哈斯木兩人之間輪轉。他們都有隻身徒手摁住駱駝或犛牛，將他們繫上韁繩，及掄開大釤鐮一氣撂倒七畝青稞地的力氣！牧場、農區一年輪換一次，純粹是一種調節，這一年守候畜群的是哈斯木。

冬窩子四面環山分數層重疊，同一光照條件下會有明暗不同的多個巨大迭面，經常的情景是一處陽光，另一處煙靄迷濛順山勢流瀉而下，羊群緩緩地去或緩緩地來，如一片薄雲輕揚浮動。

羊圈被分割為兩層，地面的大羊見到人進入羊圈格外興奮，圍聚在哈斯木老婆拉里克的身後，等著她從一個半地下的圈裏不斷地把小羊羔一隻一隻拎出來，每只小羊羔都會有好幾頭大羊圍著聞，搞不清牠們如何在完全一樣的氣息中準確找到自己的孩子！我仔細看了看周邊的環境，冬窩子選在重山環抱之間足以阻擋風雪襲擊，半地下的封閉羊圈更是一個極具保暖功能的暖房，讓小羊羔一出生就處於最好的保暖條件下不會受凍，細微之間浸透塔吉克人對生靈的悉心呵護。

一隻一隻小羊羔從半封閉的圈裏被拎出來，拉里克努著嘴逐一親過，嘴裏一串絮語在哄還沒出月的嬰孩兒。我發現拉里克給每只小羊羔都起了名字，抱起來再放下去，幾十隻毛色、大小相去不遠的羊竟然能不搞錯，投入的那份心力深了。接過剛從地圈裏抱出來的羊羔，哈斯木和妹妹逐一把牠們送到每只大羊的腹下去餵奶，他們能準確知道哪只小羊羔是屬於哪只大羊的。一時找不到乳頭，小羊羔拱兩下一跟頭跌倒，就得扶起來再送過去，讓小羊羔確實咬住羊乳頭才會鬆手。吃的不合適，小羊羔糞便乾燥，哈斯木以手把羊糞蛋一個一個往外摳，最後輕抹一把是怕小羊羔疼，熟練、自然的狀態不亞於掰饢，這個細節讓我極感動。

小羊們大都被抱出地圈之後，陽光初照，圈裏一片燦爛如花，那是各色的小羊在歡快跳躍。在大羊小羊不停的晃動之間，我突然看到還裹著濕滑胎衣的一隻小羊正在掙扎著站起來，估計，剛出生不會超過五分鐘，一旁的母羊滿眼倦意。蹲下來，以手指輕輕劃了一下小羊的鼻子，小東西慢慢揚過頭含住我的手指吮，小嘴吧裏的牙已咬得人稍有痛覺。

這個時候，陽光傾注，站在一個地方不動，能明顯感到腳底和膝蓋以下的小腿發熱，那是腳底羊糞的熱度和圈裏近百隻羊的身體在散熱。整個羊圈的氣息一片溫和，讓人有微醺的感覺，小羊羔身上卻有尖利、濃重的一股子腥氣撲鼻襲來，險些讓我嘔吐。在山地飄蕩的諸種氣息中，這個氣息另類並持久，整個山地的氣息因此而被改變。實際上，這是春天的訊息，帕米爾高原已在甦醒。只不過，這時候的天氣還極不穩定，中午太陽的曝曬能讓你褪盡冬裝，夜間的風依然能讓冰面堅硬，石頭砸下去只是一個白點。

整個春季，牧羊人每天的生活都會圍著羊群和小羊羔轉，凌晨、午後或半夜，可能是圈裏圈外，也可能就在放牧的路上……這些小東西會在任何時候來到這個世界上。剛出生的小羊羔，最擔心的是被大羊踩死或凍死，一般是撿起來先抱進屋裏，放在灶火一邊，用毛巾擦乾淨，再用氈片或衣服包裹起來，有時候直接塞進被子裏用人的體溫捂，結實一點的小羊羔幾個小時之後就能在一炕縱橫的被窩兒間來回蹦了，咩咩地叫到天亮。體質弱的羊很讓人操心，餵水餵炒麵稀糊，最後還不一定能活下來。死了的小羊被放在屋外，我發現哈斯木的狗抓野兔、旱獺和山鼠吃，絕不會去碰一下小羊羔。通常，死一隻羊羔不會讓人的情緒有太大的波動，肯定會有一隻羊失魂落魄好幾天。不吃不喝，勉強被吆著隨羊群放出去，腿的邁動會慢好幾倍，不得已留在圈裏或圈外，你會發現那只羊注視著山外的某一處久久不會動一下。

哈斯木

庫尼黛爾的早晨延續到晌午，每一隻小羊吃過奶後，羊群開始出圈。我站在高點瞭望整個景觀。羊群涉河鑽過樹林向西面的峽谷移去，哈斯木不時吹一聲口哨吆喝跑散的羊歸群，我非常意外地發現他的頭頂到身後，吊墜著一個一米見方的白墊子，唯一能想到的作用是走累了鋪在地上休息。

羊群繼續向西面的峽谷移動，山勢漸漸抬升，坡度陡立，羊群亦如蟻陣。峽谷走到盡頭兒，被一座裸山截斷，隔著很遠，依然能看到裸山岩壁的鋒面、岩沿兒有殘留的雪。通常，這種地方留不住雪，一定是雪的密度很高，並伴有大風，呼啦啦地席捲而來，最後留下一點痕跡。這樣的地方自然很高、很冷，很難想像，這就是羊群能吃到草的地方。

走到峽谷盡頭，羊群繼續向前移動。我初以為有一個草窩子在牽著羊過去，等整個羊群走完了，才意識到峽谷的盡頭一定有一條北向的峽谷相接，整個峽谷豁然打開，得到更多的延伸。

帕米爾山地的濕度肯定比塔克拉瑪干沙地周邊高，只不過上下落差大，一場雪在山頂驚天動地，能吹掉累垛的巨石，引起雪崩和泥石流，山腳下卻波瀾無驚。羊群走過，開始有踩著樹葉的一片細碎聲，再過去就進入了鋪蓋著一層細雪的坡地，走過會留下一片凌亂亂的蹄印，這成了我後來追尋羊群不至於走失的路標。

追尋羊群的路不好走，從海拔二千八百米逐漸抬升，最後達到三千五百米左右的高度，這個落差需要足夠的肺活量，也需要腿上足夠的耐力。等我追上羊群，已是兩個小時以後的事，落在地上的雪顯然更厚，植被的種類已沒有柳樹，更多的是麻黃草、沙棘和野薔薇，兩壁山崖的庇蔭處，我第一次看到了東部帕米爾高原很少見到的柏樹。追上哈斯木，我才弄清楚他背的墊子，確有鋪在地上供人休息的作用，但主要是為了裝小羊羔兒，「墊子」撐開就是分裹外層的一個超大口袋。在整個接羔子的季節，牧人每天都會背著這個口袋，以備隨時會有小羊羔兒在放羊的路上出生。

背著大口袋的哈斯木這個時候看上去很怪誕，戴著塔吉克人的吐馬克（皮帽），兜著下巴又圍了一塊兒花頭巾護著臉頰，閃出他家族的一雙超大耳朵，也使他高凸的顴骨和倒垂的一隻大鼻子更突出，這是他家大部分男人都與荷蘭畫家梵古格外相像的的家族特徵。但是，讓我有所觸動的原因並不是哈斯木形象的變化。帕米爾高原的風雪滄桑，使人意識、心理和行為中的所有虛飾已變得清淡，轉而會在只與生存、只與性情終極發生關係的層面投注心力，這正是帕米爾高原一個男人所要經歷的成長過程。完全能想像得到，今天渾身莫合煙味和汗腥氣兒沖鼻的哈斯木，在他女人的心裏，在他兒女的眼裏和家族延續的關照之下，都已是一座山。

哈斯木每天吆著羊群放牧，一般會在幾個草場之間輪轉，這與草場稀缺的現實有關，而這個季節，又是草場最乏力的時候，河水冰結的氣候和不時下的雪都使草無法生長，地面和坡地上只有上一年枯萎的草葉兒草莖讓羊啃，最後，只能刨草根吃。每每看著羊在礫石之間和雪窩子裏，以狗最擅長的方式找草吃，一時讓人感到整個龐大高原正顯出與其極不相稱的一種稀薄質感。實際上，就是在同一片牧場，也不可能持續放牧，草情有限，也是為了不至於薅盡草根，羊群徐徐緩緩地過去，走到頭兒也就該往回吆了。

在羊群外出還沒有返回之前，這一年陸續出生的小羊羔撒在圈裏撒歡。冬日的暖陽使圈裏圈外一片透亮，這天早晨剛撒的一捆乾草透著上一季留存下來的清新草味兒，圈裏每天最動人的一幕就會在這個時候發生，只等拉里克翻過柵欄。

小羊羔圍在拉里克的身後身前或跑或跳，擠在最近的距離讓她喊一聲、摸一下。拉里克走過會吆喝一路，聽著是罵或嗔怪，實際上是稀罕和疼。每只小羊羔一出生，第一眼看到的常不是生牠的媽媽而是拉里克，再加上每天圈裏圈外地忙，小羊羔對她的熟悉程度絕對不在母羊之下。等她一蹲下，小羊羔那個瘋哦，搭起小蹄腳紛紛往她身上竄，拱她的頭髮拱她的臉，推都推不開。這個時候，拉里克會攥著奶瓶子，灌著稀麵糊抱著小羊逐個兒餵，不時親一口，或者把一坨豌豆青稞的混合麵團捏成小麵蛋兒逐個兒餵給小羊，小羊羔這個沒吃夠那個竄過來，細碎的一片叫聲中夾雜著拉里克不時的笑聲和責怪，那情景有達文西、安格爾或拉斐爾筆下所有最古典的溫馨意蘊。

庫尼黛爾圈邊的冬日有暖季的和煦綿長，幾隻小羊羔在圍圈的柵欄上下跳躍，那個意象就是音符線上譜上的遊動。誰能解這世間惟美的樂句呢？

情景單一，動機天然，竟無一字可說！

我第一次在最近的距離注意到每只小羊羔都有各自不同的個性，兩極反差很大。其中，最調皮的都讓你吃驚，蹦出圈外會跳在一塊兒大石頭上瞭望很久。我就有些疑惑：這個小東西真的會有有意識的「瞭望」嗎？

後來，曾有一次躺在涼曬的一垛樹幹上小睡，聽到有一片細碎的聲音貼近，然後就蹬在了我的身上踩。我沒有動，眯著眼看去，有七、八隻小羊羔踩在我身上，扣子、繩兒、衣褲邊角……後來是我的鼻子和眼鏡，凡是凸起的或吊墜的，牠們都感興趣、都會咬。那一瞬，我內心歷經滄桑最柔軟的一部分被觸動、被打開，我閉上了眼睛，能感到眼角有隱約的潮濕，心境和想像都已在遙遠。

新生命的誕生

幾天之後，我從庫尼黛爾又回到穹托闊依。遠遠看到了老吾守爾家的房子和陸續迎出來的人，有歸家的感動。進了門，猛地被推搡了一下，這個季節讓我久久疑惑並給我留下深刻印象的氣息，在一瞬間達到最高強度猛然襲來，讓人有被撞的感覺。不用詢問，嬰兒的哭聲告訴我，這一家的又一個小生命誕生了，買熱買提江的妻子比預產期提前近一個月，生下了一個男孩兒。

作為老吾守爾家所給予的一種特別待遇，新生兒的命名儀式被推遲了一周等我回來。女人們給新生兒洗了澡，燒了杏仁兒碾碎、碾出油，然後塗抹在新生兒的臉上，小東西抻著小胳膊小腿兒一直在哭喊、掙扎，坐在炕邊的老吾守爾一直絮絮叨叨地哄著，這已是他家族第四代的第九個重孫。

生活在高原的塔吉克人，能夠讓他們心靈深深被撼動的事，一是有人逝去，一是新生命的誕生。這裏沒有全世界普遍發生的交通事故、食物中毒和普及率最高的流行疾病，生死最敏感的參數、人生的悲喜兩極，都與生存環境直接相關，清晰地顯示出生存的嚴酷實質，才會有超過人生瑣碎層面的大悲或大喜。這一年，在孫子出生一個月後，距穹托闊依一天路外阿孜尕拉的女兒萊莉，為祖木來提增添了一個外孫。五月間，托庫子布拉克的女兒阿麗瑪蘇里坦回到娘家，由祖木來提的夫人接生，又一個外孫降生。

照塔吉克人的習慣，新生兒出生一天後就會由直系的祖父或父親起名，老吾守爾是曾祖父，他的長壽背景對新生兒有祺福和祝壽的雙重涵意。唸了長達近半個小時的艾贊尼，老吾守爾為新生兒取名為：敏夏．買熱買提江。

老吾守爾說，這個名字是紀念家族中不久前去世的一位親戚。

在東部帕米爾高原的遙遠邊地，一個即將臨盆的塔吉克女人，在她需要準備的諸多事宜中，最重要的一件事是將羊糞曬乾碾碎，再經孔眼細密的籮篩出來待用。你絕對想不到，在每天女性衛生棉占去近四分之一或五分之一廣告的今天，這裡普遍使用的例假產品，仍是過去人們俗稱「馬肚帶」的月經帶，有時也會用羊毛、駝毛或犛牛毛替代，絕大部分婦女甚至不知道天下有衛生棉這等東西。我無法在最近的距離目睹一個女人生產的全過程，僅能憑經過羅篩的細勻羊糞判斷，在婦女生產的時候，這些羊糞將被大量使用。

很難想像羊糞細密地鋪滿大炕一半，再被一個婦女生產弄得一片狼籍的情景，有一點可以肯定，羊糞的柔軟性和吸附功能，決定了它在婦女生產過程中不可或缺的作用。只是不知道，這些吸附了產婦大量流血的羊糞，最後會被怎樣處理，等到我能夠進入母子平安的屋子裏，確切能感到的就是摻和著濃重血腥氣的羊糞味兒經久不散，遙遠、冷峻的高原便因這世界的一角而被感動，雲壘巍峨，無限憐惜，帕米爾高原溫情迷濛一片。

小四輪拖拉機

三月的料峭春寒，依然有撕扯人臉、手部和所有暴露肌膚的尖利，在餐布前沒坐燒一壺茶的功夫，達吾提就出了門。

嚴酷的高原上，食物是人類生存最重要的支撐條件而被格外重視，每次進餐的過程都會有一種極強的儀式性，心裏流淌著歡悅，尊貴的客人因此受到最高規格的款待，一家人藉此也有了一個最好的溝通氛圍。通常，這種時候家裏的人是不會輕易退場的。

早年做過拖拉機手的經歷，讓達吾提返鄉的時候率先買了台小四輪拖拉機，由此確立了帕米爾高原東部邊緣，後來流行近二十年的新的財富標誌。每年河水冰結，零落分布的遠近村子，總有人從遙遠的山外買了拖拉機請諸多鄉鄰抬著過河，那個情景讓隆冬的高原一時雪靜風歇，成為讓人永遠難忘的一個片段。最快人心的，是買拖拉機的人家已經有人能開拖拉機，發動起來坐上一車人，突突地碾著冰凍的河面過去，這是箚萊甫相河一年冰層最厚的時候。不知道有沒有人記錄，第一台小四輪拖拉機的使用，實際是標誌著一個新紀元的開始。

延續十數年後，第一台拖拉機報廢，第二台拖拉機也使用了多年，這讓達吾提不得不騰出足夠的精力來維修，每發動一次都是一件大事，敲敲打打折騰半天，才能開出全家人用石頭精心垛起來的那間車房，弟弟祖木來提和馬木提、哈斯木、買熱買提江三個兒子登上拖斗，拖拉機揚著一路煙塵向河灘駛去。

河灘的沙源供給來自遙遠的塔克拉瑪干沙漠腹地，這就是達吾提大早拉著一家青壯勞力，來到此地的原因。經年歷久，持續不斷的輸送使兩岸河灘遍布卵石，其質地和體積相宜，由此，為所有人蓋房子提供了最好、最重要的建築材料。

拖拉機駛入河灘，達吾提家人圍著拖拉機各自散去開始翻撿石頭，一旁有河水喧嘩的聲浪隨風陣陣揚起，石頭此起彼伏的碰撞聲顯得尖脆，傳得久遠。達吾提指著廣闊的河灘對我說，他得拉一百、一百五十車石頭，房子才能蓋起來。我估計，這輛拖拉機的速度一天至多能跑四趟，就算一整天不停地來回搬運，也得用一個多月近兩個月的時間，才能完成備料過程，這是老吾守爾家族自遷入穹托闊依以來第二次蓋房子。唯一不同的是，三十年前拿主意的人是老吾守爾，三十年後已是他的長子達吾提，膝下原來成天玩尿尿泥的一群孩子，也成了個個能隻手絆倒駱駝的漢子。

分家

達吾提家蓋房子的事，讓我的心境持續多日都不是個滋味兒。想想十幾年前，經過五天的人馬勞頓走到穹托闊依，每天數次旺火的饢坑和七米長的一條餐布，給人心境多少溫暖，離去十多年後仍牽著我再一次一次回到這裏。我願天下所有路的盡頭都會有這樣一個讓你久久期盼、久久牽魂的家，所有路途的疲憊都會在一瞬被撫去。雖沒明說，從達吾提的隻言片語中我隱約聽出了一個意思：這幢房子蓋好之日，也就是老吾守爾．尼牙孜家族分家的時候了。

風風雨雨，從高原五十多年飄搖的歲月中經過，以最多的人口和對所有過往鄉鄰最周到的悉心關照（這是塔吉克人最核心價值的堅守，和最經典生活方式的依循），老吾守爾．尼牙孜一家人已是帕米爾高原東部邊緣最著名的家族。

很難想像，隨著這個家族的解體，色勒庫塔吉克人的經典核心家庭，還會不會找到另一個標本？可以預見，自老吾守爾之後的四代，有家族訓導的影響，特別是帕米爾高原特殊環境決定的人和人相互依存關係的存在，老吾守爾家族血脈的紐帶還不至於嘎然斷裂。

那麼以後呢？還會持續多久呢？我很快猜到了老吾守爾家族即將分家的另一個原因。

三十年前，穹托闊依沒有一戶人家，窩萊甫相河畔的一片河漫灘因老吾守爾家族的開墾，始有「穹托闊依（新牧場）」這個地名兒。多少年過去，先後已有另外幾家遷入，而且都是親戚，讓人無法拒絕。這個遷入的過程很緩慢、很小心，開始僅是羊群臨時輪轉的名目，用樹枝垛起羊圈，蓋起了小牧屋，後來，這些臨時牧屋被擴建成正規的住房，大片的草甸隨之被分割。這種趨勢，不能不引起老吾守爾家族的警惕，還在兩里地外的新房址本身就是一種對策。

這是帕米爾高原的無奈：雖有足夠的面積，可居住、可墾殖，放牧的條件卻十分有限；環境的過於嚴酷，要求人相互依存以支撐生存，同時，又構成最大的競爭。

角色格局

主要承擔放牧、種植或對外交易這些最重要的角色，男性成員自此成為一個家的支柱。在性別、長幼的角色格局中，恪守的原則是女人從夫，子從父，這集中體現在決定殺羊的權力，和對現金的支配上，女人無權決定殺生，若沒有丈夫和公公的給予，一個媳婦拿出五塊錢都是一件難事。

在家族更次一級的關係中，同樣是女性角色，主要的家庭勞作多由長幼不同輩份的媳婦們依次承擔，同樣體現著對夫權和父權的維護；女兒們顧得上搭把手，顧不上盡可以忙自己的事，實際上，被嚴格限定在凡與家族利益發生關聯的一切範疇之外，她們的利益訴求只能寄望在未來婚姻關係的締結中，由此進入另一個秩序系統。

在明顯能確定內外界限的另一種關係中，雖與父主家庭已沒有實際的利益往來，發生的變化卻富有戲劇性：別人家的女人或嫁出去的女兒前來做客，座位的席次位於尊貴的首席位置。

實際上，她們從夫、從父的身份並沒有絲毫改變，席間座次的尊貴正是對這種權威的肯定，她們只不過是作為這種隱性權威的臨時代言沾了點光兒而已。

而其性別異差的形成與不同角色的分擔，根本的原因不是出於人為的認定和選擇，嚴酷的生存現實是決定選擇最重要的依據，男性的性別優勢和由此決定的地位被肯定，女性相對隨從，核心仍是對生存秩序的維護。我注意觀察了老吾守爾家族作為一個現實演繹版本的意義：

達吾提和祖木來提兄弟領著兒子們在搬運石頭；

馬木提、哈斯木和買熱買提江的三位媳婦們忙於打饢、擠牛奶；

西琳、熱娜古麗和古麗帕勒三位本家姑娘則坐在屋門的一側刺繡。其中，達吾提最小的女兒西琳，就要在這一年的秋後成婚。

同一時態展現出各個不同的側面，清晰而完整演繹了老吾守爾家族的結構構成與秩序級差。

身處高原，最鮮豔的色彩是對單調和荒寂的點綴與修正，刺繡寄予著女人同一樣的一份心思。譬如老姑姑瑪蘇木放著一世珍藏的口袋，打開大多是老人在幾十年光景中陸續繡的枕花兒、帽花兒，誰也無法輕易要走。瑪蘇木老人一生未嫁，跟著老哥哥吾守爾厮守大半生，除了拉扯兒孫長大，投入心力最重的就是刺繡，結果攢了添滿一大包的繡花布片兒，也許到她臨終也不會再有機會拼接完成一個枕頭或帽子。

塔吉克女人的女紅，幾乎一懂事就開始了，一直繡到出嫁前。好女孩兒的標誌之一，就是在她出嫁前，準備好無數親手繡的陪嫁，這時候的西琳，每天的心思明顯重了。

提親

三月間，達吾提小四輪的轟鳴聲忽遠忽近，隨風飄蕩。突然停了下來原因是，有客從三天路外的小勒斯卡木前來提親。

此處婚姻締結的方式，有指腹為婚或稍稍長成由父母一手包辦的，也有自由戀愛終成眷屬的，最關鍵的一步程式完全一樣：必經提親。一般會經過事先的多次溝通，得到基本認可才會上門行禮。

在這兒，尚沒有青年兩性行為的濫施，婚禮或盛大節日是兩性青年彼此投入關注的最大可能。進入婚姻程式，實際上是得到整個部族的認同，提親的環節具有做出承諾和被認可的雙重意義。

上門提親的人很可能是未來的親家。同其他遊牧民族一樣，親家和舅舅都具有重要身份，這與遊牧民族比農耕民族經歷更為漫長的女性氏族社會有關，女性價值在家族身份序列中被充分肯定。男性的存在為家庭確立了秩序，構成一個家的骨幹；女性的存在則為這個家提供了更為柔軟的一種質地，使一個家的框架能圍成一個屋。

非常遺憾，我錯把提親的人當成了一般來訪的客人，上門幾天都不知道他是誰。在這幾天之間，老吾守爾家族幾位最重要的親戚都被通知並如約而來，讓提親的人如臨鴻門，這是未來婚禮之前最重要的一個環節。

想起十數年前，我在帕米爾高原的最初履歷，讓人無限感動的是高原無處不見的那些雄偉大山。當我已經在老吾守爾家族中獲得長子的身份，我的樂趣是開始關注這個家族血脈的綿延伸展，並試圖弄清楚它的龐大譜系。最為奇妙的，是讀這個譜系中互有關聯留存在遺傳密碼中，那些最隱秘的資訊，譬如髮色、膚色、瞳色，體質和五官特徵，在什麼樣的情況下會走多遠，後來又會有怎樣的變化，哪些特質還保留著父本家族遺傳密碼，哪些因素已使父本遺傳信息徹底改變……這是在無窮天宇和浩瀚大海之中遨遊，最大的樂趣就在於探秘、發現與求證。

當尊客落座，提親的人開始敘述他的請求，核心內容是他的家族想與老吾守爾家族建立聯姻關係，由他的兒子娶祖木來提的女兒熱娜古麗為妻，這是當年老吾守爾家族第二樁待承的婚事。

達吾提事先曾向我說過，未來的親家是他的妻哥，這個特殊身份是一個不得不考量的因素。不過，我很疑惑，反覆比較，怎麼也找不出提親的人和達吾提老婆在長相上有太多的相似之處。後經詢問才弄明白，兩人原是同父異母的一對兄妹，血脈的距離相對遠了一些。

提親的敘述完畢，屋裏清靜一霎，老吾守爾家族的親戚們開始陸續說話。幾位長老有兩位是老吾守爾的堂弟，一位是連襟。另有兩位的關係較為特別，一位是老吾守爾的妹夫，而妹夫的兒子又娶了老吾守爾最小的女兒；另一位是老吾守爾的妻弟，而這位妻弟的老婆和老吾守爾二兒子祖木來提膝下買熱買提江的老婆又是親姐妹，輩份重疊錯亂。實際上，這種情況在塔吉克族群中非常普遍，昨日的甥舅轉眼變成了挑擔（連襟），嚴格意義上三代血親通婚的敏感臨界都不能保證。

繁雜的血脈譜系中，父本、母本的遺傳信息有可能直接被下一代所繼承，相去不遠的血親之間就會有相似的體質、體貌特徵，新的姻親關係會帶來不同的遺傳信息，這是兩個或兩個以上更多的不同遺傳背景的融合，在下一代或有可能延續更多代之後，所有的遺傳信息會在一個全新的層面融合，體質、體貌特徵會有全新的組配方式，有的你還能憑藉記憶找到似曾相似的地方，有的已完全陌生。

龐大的高原，回避近親通婚的概率幾乎為零，這是他們種族繁衍最大的風險。我的一位好友，在父親過世之後，不得不騰出足夠的精力來照顧兩位殘疾弟弟，其間的辛勞和隱約的無奈讓人慟心！但是，面對血親通婚的同等條件，塔吉克人的殘疾率相對還算是低的，有種說法把此中的奧妙歸結為塔吉克人擁有世間極為罕見的一種特殊血型：ＲＨ陰型。

提親被一致通過，老吾守爾站在老屋中央，少有地發表了一番慷慨陳詞，大意是養大女兒不容易，將來交給婆家就得把她當作自己的孩子疼愛。老爺子最後說了一句狠話，意思是照顧不好他的孫女讓她累了、病了，到時候就別怪他這個親戚的臉不好看了。未來的親家和幾個隨來的人跳下炕，抓起老人的手連連親吻，這種情況在我十幾年帕米爾的行旅中還很少見，有承諾的意味，更多地是敬意，足以說明老吾守爾作為一代長老和族長，在整個帕米爾高原東部邊緣的地位與份量。

彩禮

提親的第二步，由女方家提出未來婆家必須提供的彩禮。這是一個閉門的過程，男方來客退場，由女方家逐一商議。僅在幾十年前，這足以讓所有提親的人心驚肉跳，許多人家能在眨眼間傾家蕩產。這些年的情況有所改變，最大的好處在於只盡於禮而絕於斂財。

在近十年間，對塔吉克生存狀況的人為干預有兩次：

一是限定大小牲畜的人均飼養量，為每人九隻（頭）；

一是限定提親索要彩禮的上限，未來陪嫁的牲畜數額最多不超過五隻羊。

其實，提親過程中所涉及的彩禮，還只是家庭所有財產的一小部分，對家庭財產格局構成真正影

響的，是以後將會發生的兩大重要事件：分家和締結婚姻。

在這裏，各家有形、無形財富的構成，一是通過漫長的積累過程完成，一是通過分家或婚姻方式，獲得相當數量的財產繼承與財產分割，其占全家財產總數的多大比重，要視子女數量的多少決定，龐大的家庭人口基數將不堪承受。

兒女成親，女兒僅是嫁出去，兒子則意味著一個完整家庭的建立，對於支撐條件十分有限的塔吉克人而言，不可能允許過於頻繁的財產交割行為發生，婚姻的穩定成為必須的前提。全家人閉門商議的結果，確定彩禮的數量是五隻羊和十三套各色不同的衣物。未來親家的臉上悅色洋溢，心底不掩輕鬆，接過禮單把一隻事先備好的大羊牽進了屋，杜瓦（禱告儀式）之後又牽出去宰殺，這是完成提親過程最隆重的慶賀儀式。

在整個過程中，熱娜古麗始終不在場，躲在另一間屋裏蒙頭作臥睡狀。這種規避，有對家族意志不得不循的服從，將一生大事盡付父母長輩；另一個原因是避諱未來的公公和同來的其他婆家人。

塔吉克人普遍視提親為「小結婚」，提親不成兩廂不見，一旦確定，未來的公公和婆家人就會帶著事先備的禮來探望未來的兒媳，遠近的親戚隨聲祝賀，蒙在面紗之下的熱娜古麗在哭、還是在笑，只有她自己知道了，從此，這個瞬間將成為她一生的定格。

宰殺的大羊兩個小時後煮熟被端上了坐席，主賓圍坐，朗聲笑語，談論的已是親戚間的話題。這頓大餐，一直持續到午夜之後。熱娜古麗這時候就在隔壁的屋裏，不過二十歲的年紀，人生的軌跡已能看到最終延伸的末端。

能源耗竭

帕米爾山地的絕大部分地表不適宜植被生長，海拔垂直線的頂端為裸石和常年覆蓋的冰雪，在海拔三千米上下開始有植被分布，主要是紅柳、沙棘和麻黃草，二千五百米左右開始有高原稀貴的楊樹、柳樹和杏樹生長。但從平面的空間分布看去，植被只是零星點綴，彼此相距遙遠，從一片草甸到另一片草甸的距離常常需要走幾天。

因為分布得過於稀少，零星的植被都有耀眼的醒目和絕世的鮮豔。如果有一天山河重塑，一切都會被毀滅再重生，我唯一遺憾的將是再也看不到這些高大的紅柳和沙棘了！非常不幸，沒有替代能源，原生紅柳和沙棘每年都在以明顯可見的速度被牛羊啃噬，被伐倒作燒柴。每戶人家燒一壺奶茶需要數根紅柳，煮一鍋羊肉，就得續添兩到三次柴禾，每根都有大腿的粗壯，據最保守的估計其樹齡也在五十年之上。

實際上，這兒每天都在重複著同樣的情景。可以想見，未來植被系統崩塌之時，也是整個帕米爾生態系統崩潰之日！

最明顯的徵兆首先出現在勒斯卡木村的一所寄宿制小學裏，孩子們停課撒出去撿柴，一天抱回來的柴火填在爐子裏燒不了半個小時，學校自備的燒柴只能維持打饢讓孩子們別餓著，取暖已沒有保障，困在冷屋裏的孩子一個冬天都在受寒感冒。學校無奈，只能求助於家長。整個冬季，三兩天總能看到沿途有馱著柴垛的人過往，最終是去學校。如今，十天半月給寄宿學校送一趟柴禾，已是各家不能推卸的責任和義務。

禱告儀式乃孜兒

數天前，兩天路外的阿孜尕拉有位女性長者去世，約定給老人家做七天的乃孜兒（禱告儀式），作為方圓數十公里的首席阿訇，祖木來提是各家每逢喪事、喜事或其他類型托依（聚會）必請的尊貴嘉賓。

對這裡的人們來說，群體的價值被格外予以視重，個體的利益相對輕淡，婚禮和葬禮正是最能體現群體意識的大事，知道的人都會趕來參加，確因有事或路途太遠不能及時趕到，事後也會參加一到兩次乃孜兒以表示自己在場。

當祖木來提如約趕到，也就意味著乃孜兒儀式的開始。他走進屋，與先前早已趕到的鄉鄰逐一行禮，落座之後，隨即起身再行禮儀，每個人都會被關注到。可能是因為全族舉喪這種特殊氛圍，到場的人多，相互的距離更近，慣常的禮節便格外有種非同尋常的含義。

女眷們在炕角兒蜷坐一圈，塔吉克人著名的哭喪歌兒隨即響起。

女人們哭喪，多穿著素淡的衣服，披著純白的頭巾，相互以頭相抵，唱一會兒調換一個位置，與另一個人面對面相偎接著再唱，從歌聲、歌詞的傳達到肢體，都在表現一種寬慰。在此情境中，表達的語意是相互的關注，沒有人會被忽略、會被遺忘。

塔吉克人的乃孜兒，核心內容是阿訇祈誦經文，沒有任何輔助手段或借助什麼器物來渲染氣氛，只有祖木來提輕緩起伏的吟誦，眾人默聽，體驗緩緩流淌的心境，所有人的心靈因此而被撫慰，最後達到心境澄淨。身處其中，你不得不承認，相比世界眾多宗教，形式簡單到只有誦經、默聽和體會，恐怕只有伊斯蘭教。而簡潔、樸素，正是精要和力量所在，猶如漢文化北魏時期的書法，枯、

老、蒼、瘦、勁，沒有一絲冗贅。持此種審美概念的文化——心理動機，稍稍外延的品性與個性堅守，就是艱忍、苛忌、苦度與追求極致。

吟誦之後是宰牲儀式，羊被牽進屋裏，再經禱告，然後被人牽出屋外宰殺。

我第一次注意到，當這只羊被牽進屋由阿訇念誦經文，實際上，就相當於佛教所說的「加持」，已有了不同語意的附加，至於兩者的比較關係就是以後再行闡述的問題了。

推而廣之，在婚禮、節慶或其他一些重要儀式上，都會宰牲，都會履行祈誦儀式，就是不同語意的表達。過去，我僅注意到環境的過於嚴酷使塔吉克人對食物格外重視，其中，最重要的兩個象徵物是饢和麵粉（每餐必吃饢，吃的時候一定會非常仔細，不能讓饢底面朝上；麵粉則是所有禮遇環節和節慶中被賦予最豐富語意的媒介）。再深入一步，很快就會注意到他們對羊的食用不僅是食物，還有犧牲、獻牲和祭牲等多重含義。所以，外人不解，總不明白窮破窘境中的塔吉克人何以總是整隻羊剁了吃，換種吃法不是更豐富、吃得更久一些嗎？從純粹食物的角度而言，這種吃法無疑是單調生活的一次補充和調劑；但是，我們不能不注意到塔吉克人作為遊牧民族同樣久遠的傳統，祭牲是他們所有心理訴求最終極的表達。

所以，每當獻牲完成，所有人圍坐分食羊肉，絕不僅是吃一頓飯的意義，那是在得到喜悅並分享祝福。這種情況下，怎麼會有人拒絕呢？遇到此種情況，遙遠邊地以外的人，常以自己的潔淨標準或是否吃過飯，來決定接受主人的饋贈或接受多少，實在是極大的誤讀。

春節：肖公巴哈爾節

三月十五號這一天，穹托闊依的人早早起來牽出駱駝前往庫尼黛爾，圈在冬窩子裏一季的羊群，會帶著這一年剛出生的小羊羔出山，進入另一個時節。隨行的，還有達吾提的小四輪拖拉機。

小四輪拖拉機駛入山口就不能再往前開了，駱駝可以一直走到牧屋之前。我在等待羊群啟動的一瞬，大小數百隻羊一起湧出山谷，你能想得到山洪一瀉的情景，那是帕米爾春訊的湧動。非常遺憾，我看到的情景極為節制。哈斯木夫婦和來的人跳下羊圈，沒用口袋，他們敞開衣襟抓起小羊羔一隻一隻往懷裏塞，每人一次能抱六、七隻小羊，然後一步一步走出山谷往小四輪拖拉機的拖斗裏送。這趟路，往返兩三公里，我竟聽到馬木提在唱歌，歌聲在整條峽谷間回鳴，嘹亮悠長。

大約兩個小時之後，小羊羔多被抱走了。哈斯木的妻子拉里克，用鍬端著一小堆漚著煙的羊糞火走進了羊圈，火上撒了麵粉。在羊群中間走動幾步，口裏唸唸有詞，這是沿襲久遠的薩滿傳統，以示祈福。隨後，羊圈被打開，困了一個上午的羊魚貫而出，中間夾帶著一些沒帶走的、體力較為壯實的小羊，浩浩蕩蕩向山外走去，馱著被垜的駝隊在後邊相隨。峽谷一下靜了，只有溪水和風的唏簌綿長細密，再去追索牧人和羊群讓峽谷豁開，要等到下一年、下一季了。

如果沒有小四輪拖拉機，只能用駱駝馱著小羊羔走，我曾看到有家人用的就是這種方式，一條布被縫紮為數段，每一段裏有一隻小羊羔，最後放在馱子上走。

三月二十一日，我和老吾守爾一家迎來了塔吉克人一年一度的肖公巴哈爾節，這是他們的春節。節日的形成，應早於他們接受伊斯蘭文化的歷史。依據時節，每年春暖之後、春耕之前為最佳時間。出於這個原因，塔吉克人在與其他伊斯蘭民族共度肉孜節、古爾邦節這些宗教節日的同時，他們會反覆強調肖公巴哈爾節是塔吉克人自己的節日。

節日當天，首先是清掃房屋，家裏的媳婦們用紅柳稍子紮的一把掃束把整個屋子扛得煙塵飛揚，常日不動的地毯和幾塊兒毛氈也被掀起來摔打抖摟，每一床被褥重新疊過碼好。最能渲染節日氛圍的是拋撒麵粉，由吾守爾的老伴白克木老媽媽親率幾位媳婦、孫女操作，沿屋牆四圍走一圈，由著手上不同捏抓麵粉的方式拋撒出不同的花樣兒。屋頂之下，半牆之上，一時綴滿白色的麵粉花兒樣，這是他們內心所有美好願望最淋漓盡致地呈現。

塔吉克人認為，房屋是人在天與地之間的唯一寄所，在房屋內拋撒麵粉有感恩和祈福的雙重含義。擦去牆面上一年漸已模糊的麵粉圖畫，塔吉古麗重新描了一幅，仍是樹木擁圍著太陽，那是她心裏一個永恆的情景。

房屋清掃完畢，第一個進門的不是家人，也不是來客，而是一位特邀的親戚倒騎著毛驢被吆進屋。這是節日的一個諧趣段落，塔吉克人家的門本來就低，還要登一截兒近半米高的門檻，毛驢上去不容易，進了屋倒騎毛驢的親戚就會被門框擋住，弄不好就能摔在地上，其間的樂趣為一向沉默的塔吉克人所少有。

毛驢牽進屋再被牽出來，客人隨之進屋，門庭一側和灶坑一邊，都站著端著麵粉盤子的家眷，會給進屋的每位客人拋撒麵粉，客人也會揪一撮麵粉回贈，互道問候，這是春天的祝福。

肖公巴哈爾節一般會持續兩天，坐席之上擺著常日鮮見的冰糖、乾果，婦女們整個下午都在攪著灶坑上坐的一口大鍋，裏邊熬著用小麥、青稞、豌豆等各色麵粉混合的麵糊粥，等到傍晚盛在盆裏，再澆上剛在鍋裏燒開的酥油，就是必吃的特製節日大餐：哈多爾其。這個詞的原意為水磨，用各種麵粉下鍋是採天下五穀之意，兩者結合就是肖公巴哈爾節全部語意的揭示，即將開犁的祝福和來年豐收的期盼盡在其間。

潑水節

第二天一早，家裏的女孩子端著水站在房頂等在門口之上，一有人出門就灑水，這是帕米爾高原的潑水節。

這讓我很意外，在天下最富水和最缺水的地方，水都被賦予最神聖的寓意，都有著對水的期盼與足夠的虔誠，唯一的解釋是源於人們對水的共同認識與需求。

出其不意地澆水，再出其不意地被淋透，都是巨大的快樂。澆水的人一般是未婚的女孩，這代表著聖潔。若正好碰上從屋裏跑出來的是年輕人，常會顯得更熱鬧，有男女青年相互溝通的意味，只是熱烈的程度遠不及遙遠的傣鄉。

塔吉克人扼守絲綢之路中國最西部的終端孔道，地理之便使他們成為中國最早接受伊斯蘭文化的民族之一，這大約是西元七百年以後的事了。從此，伊斯蘭文化成為他們所有行為最重要的參照。

第二天正午或再晚一點，祖木來提從牛圈裏牽出兩頭大壯牛，先端來一盆豌豆麵捏成團餵牛，然後牽著牛在門前的闊地犁了一個大圓，又縱橫犁了兩道構成一個十字花，眾人隨後沿著圓沿兒找到各自的位置跪下，唯有老吾守爾跪在十字花兒正中間，他率眾人開始禱告，念誦的內容是阿拉伯語的經文。

這時候，我特地跑到遠處山上看去，老吾守爾率眾禱告的那個圓形，完全是一個太陽的象徵，這是我在塔吉克人所有生活場景中，第二次發現他們與太陽崇拜相關的內容與形式（火把節是另一個重要內容）。

伊斯蘭教傳播之前，塔吉克人有一個更為久遠的太陽崇拜時期，萬物世界，一切的終極，都在太陽。塔吉克人一直將河流、草甸、畜群視作太陽的賜予，這種意識一直到今天仍根深柢固，原因就在於他們生存的環境一直沒有改變。太陽的終極價值被反覆強調、反覆闡釋、反覆肯定，這是塔吉克人內心不可更改的心理沉澱與記憶。就是在接受伊斯蘭文化之後，他們通過吟誦《古蘭經》所表達的仍是最古老、最原始的情感和訴求。

祈禱之後，老吾守爾拎過一袋麥種繼續祈禱一遍，然後扒開麻袋將麥種分給每個人。接下來的儀式有些緊張，座中有人拎起麥種狂奔，一直登上屋頂。其他人則是往屋裏跑，塔吉古麗第一個跑進了屋，抓起盛飯的大勺扔上了屋頂。剩餘的麥種最後從屋頂天窗遞下來，大家都在搶，但，這袋麥種已歸塔吉古麗所有，別人再要只能央求她同意了。

一把大勺扔上去或把麥種遞下來，通過的仲介都是天窗，這個細節依舊是塔吉克人原始圖騰最重要的象徵，天窗是通天的門戶，門戶之上則是塔吉克人崇拜的終極。經過層迭寓意環節的麥種，已有了近於聖物的意義，也就不奇怪大家何以會有那麼高漲的熱情！

轉場

這些天，正在臨近的轉場讓我充滿憧憬和期待。轉場之前，達吾提的長子馬木提吆著七峰駱駝，馱著乾草先於羊群踏上了轉場之路，沿途將乾草逐點分布，因為若是沒有事先預備草料，畜群的通過將極為困難。這段路程，馬木提往返走了六天！

早在此前一個多月，次子卡斯木就吆著家裏近二十頭犛牛提前遷往夏牧場。在高原塔吉克人的生活中，每隔十天半月，小範圍的遷徙時有發生。但是，用大牲畜馱著一個家度過一季的家當踏上長途，這樣的動遷絕非尋常。

我的老友達吾提很愁，轉場是所有生活內容與場景中最重要、最非同尋常的一次啟動，家裏除了女眷就是幾個孩子，他的體力將很難應付駱駝、牛馬馱著一應家什，再加上一群羊這樣龐大的「軍陣」。捫心細想，若不是有我跟著，面色常有不適宜「黯色」的達吾提，幾年前已聲言不再做悍力生計了，那黯色是心臟或肺部病灶的典型標誌，使我心裏有一份隱約的擔憂。

達吾提抱著外孫女瑪麗卡罕告訴我，這將是他人生最後一次轉場。

轉場兩天前，最令人振奮的事，是卡斯木趕了五天路回到穹托闊依。近兩個月未見，兩鬢一直連沿到頦下，濃密的鬍鬚，浸含著遠方冰雪的氣息，苫去他的大半張臉，讓他比最落魄時期的梵古看上去都更消瘦、更倦。我極想看到經過數十天風雪彌漫後的卡斯木見到兒女的樣子，更想見到他和妻子拉里克在一瞬相見的情景。非常遺憾，這個時候，她們娘仨兒正在距家兩里地外的一個臨時羊圈裏照料小羊羔，壓根兒不知道他回來。卡斯木非常沉靜，端著茶，用蒲扇大的手慢慢掰著饢吃。

這天晚上，卡斯木一家和哥哥馬木提一家，還有爺爺、奶奶與父母，都睡在家裏專以待人的大屋裏，一片屋簷下的三面大炕，擁塞著祖孫三代男人，和他們各自的女人及孩子，所有的故事都會被夜色籠罩。

我始終有個疑惑，總覺得塔吉克女人是一種類似貓的動物，或多少有著更多貓的秉性，很少見到她們大笑或大聲說什麼，所有的激情澎湃都會消於無聲！

轉場儀式

轉場前一天，天色初曚，我隨祖木來提匆匆往坡下的一戶人家走去，整天忙於和泥蓋房子的祖木來提，這天特地換了專用於行教事的長衫。

每到轉場前，周邊相鄰的人家和親戚都會前來相送，老吾守爾的妹夫和另外兩個女婿，已在兩天前趕到穹托闊依。轉場這一天，最隆重的送別儀式是在太陽尚未升起前，相鄰人家準備了羊特地請阿訇念誦杜瓦，而後行宰牲儀式。作為勒斯卡姆村的首席阿訇，祖木來提是這一天當然的主角。進屋喝過茶，舉事的人家鋪好餐布端上來一盆麵粉放在正中，再把一隻羊牽進屋靜候。祖木來提舉手掌心向內先行祺誦，我聽不懂他師承老吾守爾的阿拉伯語，看著他翻開本子逐行唸著手寫的經文，不禁大為感動，顯然是事先做了足夠的功課，精心挑選了經文再仔細謄抄在紙面上，這是作為兄弟

的祖木來提，對即將遠行的哥哥所能表達的用心！

祺誦之後，他撚起麵粉起身向房樑和四周牆壁拋撒，最後撒向羊，整個儀式隨之完成。我注意到他用的麵粉其實很少，餐布正中的一盆麵粉在經過祺誦之後，已具備不同的意義，無論打饢送人還是自家留用，都有一份接近真主的祈願蘊含其中。

走出河畔的牧屋，我隨祖木來提離去，隱約聽說還有一戶鄉鄰在等著他這位阿訇。

一進家門，達吾提摁著常日少見的一隻大黑羊候在屋裏，對即將開始的轉場，這只羊的毛色和顯然超大的個體，有莊重與祈願的雙重蘊意。同時，另有兩家鄉鄰也牽著羊在等候。祖木來提的祺誦儀式與他先前去的一家完全相同，家裏炕前的地池，站著三家主事的男人和他們各自牽的羊，這種陣勢，小戶人家婚禮宰牲一次的數量也未必有這麼多。另一個讓我極高興的發現，是轉場宰牲的另兩戶人家與老吾守爾家都沒有太直接的親戚關係，因為宰牲相送是十分久遠的傳統，若都是出於親戚的意願，其動機的純粹性就會大打折扣。

不能否認，作為穹托闊依的開拓者和族中長老，這雙重影響足以使老吾守爾贏得人們對他的敬意，讓人願意在他家轉場的時候表現出一種自覺。

轉場是家家必經的大事，其重要性足以影響一個家一年、甚至數年的生計，所歷經的艱難是每家的共同記憶，這時候表達的祈願屬於最高層面的關注，其重要性相當於婚喪大事和蓋房子。

宰牲之後，四家的羊剁了懟放進老吾守爾一家的鍋裏煮，燎著天窗的火苗子和劈啪的響聲，讓屋外的荒野、糾葛的山巒，和這個季節一天比一天水勢盛的河水相形遠去，各家鄉鄰陸續趕到，就是沒在這一天宰牲的幾家也來了人。熱騰騰的羊肉出鍋，三面大炕人擠人坐不下。在沒有婚喪大事的時候，一個下午一家會來這麼多人，此種情景極為少見。

高原塔吉克人，其生存構成的方方面面及所有因素，多與生存直接相關，手鼓、鷹笛、鷹舞、叼羊，和曲調相對單一的歌謠，是他們嚴酷生存狀態之下不多的、不常發生的調節和浪漫。因為與生存直接相關，吃飯作為維繫生存最重要的形式被格外重視，成為生活中無可替代的內容。日常待客和最隆重的儀式，都是通過吃的方式來表達，體現出一種高度的程式化。吃的形式及食物不能被褻瀆，其中，尤以羊肉的食用和形式有著最精道的程式講究，並被賦予最豐富的蘊意與象徵性。

東部邊緣一線，穹托闊依僅是一個居民點，另有六個居民點，零散居住著整個勒斯卡木村七十八戶人家的七百八十五口人，人口最多的居民點有二十幾戶人家集中居住，最少的僅有一戶人家，彼此相距一天到一天以上的路程，最遠的騎著駱駝和馬往返得走十一、二天。這樣遙遠的相距，使盛宴成為人際最重要的調節與補充，心理的需求遠大於簡單的食物需求。

墓地麻紮

專為轉場的宰牲盛宴在傍午之前就結束了，這與時節有關，幾天之內，遠近人家都將轉往各自的夏牧場，主客都沒有平日熬到半夜的閒心思。出了老吾守爾的家門，在老人的帶領下，眾人向東山坡地的麻紮（墓地）走去，這是塔吉克人凡舉事必行的儀式。

穹托闊依的麻紮被稱作「夏依其拉克」，意為：王燈。相傳久遠以前，曾有一位伊斯蘭聖人由如今塔什庫爾幹的大同鄉經此前往藏地，故留有此聖跡。實際上，就是幾塊兒稍加壘垛的石頭，還有後人加插的幾根橫豎不整的樹梢子，猛看像是一道多已坍塌的柵欄。很顯然，這堆尋常的聖跡和無法考證的傳說，都是典型伊斯蘭文化的遺傳，時限當在伊斯蘭教傳入新疆前後。

新疆維吾爾人有在麻紮植樹或插樹幹的傳統，而且，通常都是直立的楊樹。這是一種比伊斯蘭傳入前更古老的文化，挺拔的樹幹是通天的仲介與階梯，所有的寄予與訴求由此傳達。帕米爾高原很少有楊樹，直到今天，這都是塔吉克人家蓋房子的難題。高原特殊的地緣環境，最擅生長的是紅柳和沙棘，馴植生長的有柳樹和杏樹。

夏依其拉克麻紮另一部分構成是幾座塔吉克墳，三十年間老吾守爾家族逝去的所有人都埋葬於此，有老吾守爾的父輩和他不幸夭折的一個孫子。早在伊斯蘭教傳入之前，祖先崇拜曾是塔吉克人和新疆各民族的共同經歷與記憶，藉由祖先的庇護以獲得平安與畜群的不斷擴大，死亡的恐懼和禁忌相對較淡，這裏一度是他們靈魂的終極歸宿。所以，新疆各民族至今都保留著對麻紮的敬意，和外人難以理解的一種親近感，每一處麻紮都能在他們心裏喚起暖暖的溫情綿長。體現著高原遊牧民族的特色，塔吉克人的墳多繞一圈犛牛毛繩，這是高原遊牧文化最經典的一次概括和濃縮。

老吾守爾率眾人朝拜的次序，先是進入麻紮路口有一塊兒石頭，上邊有幾根碎柴點的火，火上是每個人經過撒的麵粉，每個經過的人都會以一隻手或雙手撫石，然後抹在額頭和頰下；之後在聖跡與聖跡之前呈半環狀圍跪誦拜；最後是墳地和圍著墳地的誦拜。

因所處的位置不同，聖跡誦拜的朝向向北，沒有其他可供人跪拜的地方，墓地誦拜是向西。朝拜的開始與結束，都經由墓地邊點的一叢火，經過的人都撒麵粉，伴有女人的哭泣。老吾守爾率眾履行的朝拜，整個過程持續近一個小時，動機是祈求聖跡和祖先的雙重庇護，以佑轉場平安。

新疆伊斯蘭教是以伊斯蘭教為主幹、並帶有信奉原民族宗教和信仰成分的混成宗教，成分和構成比例很複雜；相對於傳統，伊斯蘭教明顯的被予以最先關注的位置，朝拜的次序是先聖跡再墓地；

而在其所有生活場景與細節中，伊斯蘭教已是須臾不可缺的形式和話題。

我已不是第一次隨眾朝拜老吾守爾家的麻紮。辟力克（火把節）的朝拜，一家人帶了牛奶煮的稀飯，澆上酥油在墓地一塊兒吃；還有聚喪和上門提親的一次，都是把煮好的肉帶到麻紮上祭獻，再一塊兒分食。唯有這一次不同，是在眾人吃過之後，把吃剩的骨頭帶到麻紮上作為祭獻之物。

這應該與不同的訴求有關：

節日祭獻，突出祖先於後世同福、同樂；

聚喪祭獻，突出祖先與今人同悲，有祖先與大家同當；

上門提親的祭獻，突出向祖先表達一份謝意，保佑一樁美滿婚姻；

轉場祭獻，為塔吉克人生存所依最重要的一件大事祈福……。

朝拜的人群漸漸下山離去，墳地邊的煙火輕飄。這時候，遠處有駝嘯傳來，我隨羊群轉場的駝隊將在這個午後聚齊。一夜過後，向穹托闊依告別。

啟程

明顯人手緊，沒有綁駝捆馱聲勢浩大的情景，達吾提夫婦往口袋裏添塞東西，感覺是找一件裝一件。卡斯木兩口子帶著孩子早早出去吆羊。老爺子吾守爾和次子祖木來提，還有另外兩個孫子，則

忙著澆地。實際上，吃不好草，畜們就不會有足夠的體力支撐長途遷徙，這個原因讓這天早晨直到晌午都沒有顯得過於匆忙。

這是中亞所有遊牧民族所可能有的、持續時間最長、行徑路線最遠的轉場！

轉場開始時，最先是羊群被吆動，從草場走過東山坡地，暄軟的砂礪覆蓋層煙塵彌漫，伴有大人孩子的吆喝，與羊群此起彼伏的叫聲，使轉場的氛圍在一瞬間達到正午的炙熱。我隔得遠，看不見羊群移走的一片凌亂蹄腳，透過樹叢的枝隙還是一眼瞥見拉里克的一身豔服鮮亮。這是一件淺墨綠色的上衣，款型近於女士的正裝，戴著一條鮮豔的黃頭巾，沙棘林銀灰色的葉片在太陽的照耀下，成為萬千閃爍不定的光點，拉里克的頭巾迎風而過，如一面招展的旗。

也不知道什麼時候聚齊的，人突然都擁在了一塊兒，馬和馱著家當的駱駝都有人牽，從門前一直擁去屋後的山坡兒。與老吾守爾家每天都有的迎來送往不同，這是有淚和哭聲的送別，相似的話說了無數遍還覺得沒有說到，高一聲低一聲都是隱著痛的牽掛。高原塔吉克人，在轉場的時候表現得特別宿命，有個半年八載的見不到，他們覺得什麼事都會發生。

老吾守爾家屋後的坡上，有隔風的沙棘林和紅柳，最顯眼的就是隔著幾公里就能看見的幾棵大楊樹，春綠秋黃，無時不在感知穹托闊依所經歷的風霜雪雨。家裏的女眷和手裏有活兒丟不開的人送到這兒就不往前送了，達吾提一路別過，這裏有他老邁之年的母親和姑姑，再就是親戚和孩子們，我注意到達吾提的眼裏已有隱約淚花。

在所有送別的人中，最為特別的是老吾守爾，始終沒說話，牽著馬一直往前走。一位捱過百年的老人，多少迎來送往已是記憶煙塵，唯一不同的是前一天他剛給三個兒子分了家，房子分了三處，地分了三處，專用以打草的草場也分了三處，度過一個牧季羊群也會分。做完這些分割，我第一次看到老人放聲地哭，這是他把他的一生做了最後的交代。老人的體力就是現在也能騎著馬走三天去看親戚，做完這些交代，心裏的感受不免悲涼，似是可做的事只剩下兌現未來的一個等待，帶著這種心境，對長子達吾提的送別就格外心重。

不知道這輩子他有沒有陪長子走這麼遠的送別，這是在完成最後的託付，老人最後將馬韁繩遞給達吾提已是兩公里之外了，也沒有太多的話，一片荒野之間凸顯出人世蒼涼，形影孤單。兩人像一般的塔吉克男人一樣以吻手禮告別，達吾提牽過馬轉身離去，馬上是他的老婆抱著外孫瑪麗卡罕，走得很遠回頭還能看見老人站在荒野盡頭注視，相隨的還有他的次子祖木來提和另外的兩個孫子。

塔克拉瑪干

在穹托闊依可能是住得太久了，開闊的草甸、清澈的泉水和每天不絕於耳的鳥鳴都是一種矇蔽，讓我一時對穹托闊依以外的地理狀態完全失去了判斷力。隨羊群走出去，沒跨過縱橫大山的第一道折兒，已是寸草不生的赤裸地表，一下竟有些讓人意外。

實際上，帕米爾高原的荒原和裸地，比例遠比綠洲和植被帶更廣大，這基本上也是整個中國西部的地理現實。綠洲、植被離不開水，滿眼充盈，成為這個世界之所以能存在的一種方式，和你能感受這個世界最重要的憑據，這可以為東方概念中的「有」；荒原、裸地則是另一個極端，空空蕩蕩，了無行跡，意味著與「有」對應的「無」，這是人心理傾向和對事物做出判斷的兩極，兩個概念很值得玩味兒。

久居「有」，滋生雨潤與閒情；「無」為空茫、愴涼、廣大，這是西部人最重要的時空參照和最常遭遇的生存現實。非常微妙，前一種狀態下反而會使人消滅、喪失最敏感的判斷力和批判力，內心的感受力和所能感受的東西大為減退，心裏的局面極為單薄；後一種狀態的單一，反而讓人更多地擁有感受和想像的空間，信馬由韁，無限自由，這就是塔克拉瑪干這片大沙漠之於中國人和整個人類的意義。

塔克拉瑪干現在井架林立，除了橫貫南北的沙漠公路和自南向西斜切的一條公路，第二條南北貫通的沙漠公路正在修建，雖帶給人們極大方便，我的心裏卻很沉。對於我們這個太過於關注實際所得和所有的民族而言，新疆的意義不僅是石油、棉花和礦藏，更在於她能提供類似於塔克拉瑪干沙漠這樣巨大的空茫，這是你想像和寄放心靈之地，這樣的失卻難道還不夠大、還不足以痛心嗎？

正是從這個意義上說，當年我年輕的父母攜帶年幼的我，從遙遠的東北老家「盲流」進疆，實際上，這是我命運最重要的一次歷史性的轉機，從此與高山大漠為伴，一直到今天。每臨荒原闊野，給人的感受總是心境遼闊、澄淨，會有無限撫慰。

轉場第一天

與哈薩克人、蒙古人轉場不同，不是由作頭羊的幾隻大山羊帶著羊群走，山路險要，必需由人來給羊群帶路，通常，擔當這個角色的都是孩子們。孩子們貪玩，路邊一塊石頭也能讓他們扒拉半天，直接影響整個羊群的推進速度，惹得卡斯木常會吆喝他們。

轉場途中，作為父親的達吾提主要負責照料家眷和幾峰駱駝，明顯處與輔助的位置。兒子卡斯木走在大隊羊群的後邊，再後邊是這一年才出生的小羊，他處於中間的位置可以前後兼顧，老婆則跟在最後照顧小羊，慢慢地吆著走，不時把哪只小羊抱在懷裏，心疼小東西走不動，也是怕牠們亂跑失蹄從路邊懸崖掉下去。

走到最為險要的地段，山路窄，大牲畜無法隨羊群在山崖上走，不得不遠繞河谷尋找過水的地方。河谷寬大遼闊，河脈飄蕩，東部帕米爾高原最為偉大的那條河流看去用手指挑一下就能崩斷，達吾提牽著幾峰駱駝就像幾隻黑蟻，緩緩移動，事後才聽他說那天的水大得漫過駝背，幾次險些把他捲走。在達吾提的記憶中，河水汛期提前這麼早的時候並不多，燥熱的天氣讓他神色凝重，這讓我很擔心。以達吾提的閱歷，高原上什麼場景沒見過？他都覺得意外，我想我原來對帕米爾高原轉場的所有想像都過於簡單了。

正午之後，清澄無雲的天空開始變得混沌，起風了。在沒有植被的曠野之間，風的行跡最初是看不見的，只有細細的沙塵飛揚，呼吸之間，讓人覺得嗆。山的邊緣由清晰變得模糊，重疊連綿的大山看去只是一層一層明暗不同的水墨，煙靄之下，深遠廣大的河谷成了一片邊緣已被扯爛的布隨風飄動。我已習慣了高原每天傍午之後起風，正午明晃晃的太陽之下看著風起雲湧，煙塵下的景物都帶著經火燎烤的焦黃。抵達一片稀落的胡楊林，才看出風勁，高大的胡楊隨風招搖，擺幅大得有書家的瘋狂。這就是轉場第一天的露營地，名為阿克塔克西，意為：白楊樹。

有山和河岸的遮擋，我沒看到畜們在風沙之中的情景。一到胡楊林，牠們一路急跑，眨眼在林

木間散去。胡楊零散分布，林間有高大的沙丘，沙丘之上長的是紅柳和麻黃草，河岸之下是大片的沙棘，樹幹整齊地向一邊彎曲，可以肯定這一帶必是大風頻繁經過的通道，才會決定樹的成長形態。達吾提卸下駝馱子，一堆被褥抱到一片紅柳叢間，他的夫人先給一家人鋪好了晚上睡覺的地方。幾十步外勁風縱橫，到這兒竟沒有一點兒聲息，小瑪麗卡罕笑聲清脆，騎到達吾提的肚子上又開始了她每天揪爺爺鬍子玩兒的遊戲。女人們拎了水開始架柴生火，整個灶間在幾株沙棘籠罩之下，天然一個棚屋。塹灶的石頭漆黑，說明達吾提一家已不是在這露營的第一戶牧人。當灶火熊熊升起，聽著地上隨意攏起來的紅柳枝子燒得劈啪作響，歲月間所有的隱秘都被啟動飄浮在眼前，荒落的大山一角竟有那麼多溫情的故事可以讓人年年回憶、年年講述。

接近傍晚，獨自踱去，我需要這樣的臨近，以最虔誠的心境靜靜地感受、靜靜地聽。

穿過高大沙丘，幾十步外已能聽到細碎紅柳枝相互的敲打聲，沙棘林間緩緩流動的溪水婉轉，河谷間隨波逐漸增加了力量的風，被遠處高大的山崖阻擋，吹到這兒只能看到胡楊頂端在輕輕搖曳，只有我獨對空茫，以雙膝拄地跪下來，能感到只有在這兒才有的清冽氣息在撫摸你、在你身心間穿透，讓人心意盡釋，禁不住眼底有些潮潤。我相信，這是一個讓男人可以通泣的地方，積鬱盡去，心底磊落、透徹！我久跪未起，最後完全匍匐在冰涼的沙地上，以心緊抵，這是我所能感覺到能回到原初和終極的最佳方式。

小阿訇

新疆的胡楊樹，大都生長在塔里木河兩岸，那裏是世界上最大的野生胡楊林所在地。帕米爾高原與塔里木河兩岸，分屬兩個完全不同的生態系統。在海拔高度逐漸遞減的下游河畔沙地和溝谷之間，日照條件相對穩定，再加上更有保障的水源供給，為胡楊的生長提供了有利條件。

在帕米爾高原，常能在一些地方看到厚厚的沙塵堆積，實際上這些沙塵，一部分是山體久蝕的塵屑，一部分來自遙遠的塔克拉瑪干沙漠，隨著每年的季風飄搖之上，越過海拔五千米以上重重高山，最後落地沉積。我沒想到，這條風沙運行的路線，同時也是胡楊種籽飄落帕米爾山地的載體。

轉場從穹托闊依啟動，羊群第一天的路程大都繞著山崖走，離開阿克塔拉克一個多小時後的路段最為險要，本就不很開闊的河岸是由泥石流、塌落的礫石和山體不斷剝蝕的沙屑形成的，在延續了一天的路程後，與河岸上的山體完全合併，河水緊抵在山腳之下，經年歷久，被削鑿為一幢峭崖。多少年間，沿河岸往來的人和畜群走到這兒，再也沒有可以從容周旋的地方了，一邊是河濤洶湧的斷崖，一邊是陡立的禿裸岩壁，只能登著黃羊蹄子踩過的地方往上爬，最終掏鑿出一條窄道供人畜過往。

我是先於羊群走的，上下落差不過幾十米，拔得每一步都覺得腳下千斤。路的底面就是岩石，撒了一層碎石籽兒便於羊群通過，人穿著硬底鞋通過就難了。因整個路都在崖上，腳下的路面呈現出明顯抬升的坡度，塔吉克人想的辦法是墊木棍，擠在岩壁之間再墊石頭，等於是在岩石上垛出幾個台階，才能讓駱駝和羊群通過。走過這段路，直接承受著正午陽光的曝曬，巨大岩石間的路成了燒烤的鐵板，幾十步外裹在身上的衣服已成了淋了水的抹布。最終登頂，我開始理解達吾提講的路途遠近的概念了，他說第一天要走的路嘛十一、十二公里，第二天的路嘛七、八公里，決定路途上耗時的多少，一個原因是路距的遠近，另一個原因在於路途的難易程度。

這一天沒有夜宿在野外，此地的小阿訇專門宰殺了羊招待達吾提一家。大鍋滾沸，熱汽蒸騰，人盡可以抻開腿腳靠著被垛喝茶閒聊，這份遠離家外的安適，實際上蘊含著塔吉克人在高原上的所有

隱秘：每一處，每個人，都在竭盡表達，悉心維護，一直走到今天。早晨出門，我看到小阿訇抱著草逐一在給達吾提家的大牲畜加料，才明白塔吉克人家各家的草料都不是只給自家準備的。

穿過胡楊掩蔽的高大沙丘，很快看到一片遼闊的裸石灘，走過裸石灘就是河。這些石頭，個體大小極其均勻。每到春夏之際，冰雪消融，洪水下瀉，會有大批的卵石被丟在河水兩旁的河岸，卵石的體積正是河水蘊力的最好說明。越過庫尼戴爾的這一段，多是足球大小的石頭，河水的衝擊力明顯減弱。但，總的趨勢是河谷逐漸開放，河床被拓寬，這段河面竟在百米之外，水深的地方騎著駱駝過去都能把腿弄濕。我才恍然大悟這一天轉場的路為什麼會比第一天走得少，原來目的是爭取能讓羊群順利過河。在洪水尚未達到一天洪峰最高值的時候，正是羊群通過的最佳時機。

多少年間，我已多次見過柯爾克孜、哈薩克和蒙古人轉場，但是，見識一個龐大的羊群過河，還是第一次，一時很難想像，塔吉克人來到河邊面對滔滔河水，會用什麼辦法把一群羊弄過河呢？

高原英雄

在羊群遠沒到達之前，我看到河對岸有兩個人騎著駱駝狂奔而來。駱駝是高原上最大的動物，人們通常已習慣了駱駝慢條斯理地走，為此，我曾把駱駝稱作「精於時間判斷的哲人」，無論寒暑或面對什麼樣的路況，駱駝都會以一種恒定不變的步態往復來去，突然見到駱駝以馬的姿態狂奔，這是很少見的情景。

跑到我身邊，兩個塔吉克人勒住駱駝抬腳就跳了下來，相互行了塔吉克禮節，接著，我一掌就拍了過去。來的人是我的好友加瑪萊力的兒子霍斯洛，他的另一個身份是達吾提最小的妹夫。另一個年輕人是達吾提長媳塔吉古麗的弟弟，這個家族的標準特徵就是一頭金髮和一雙碧藍的大眼睛。

這兩個小子我都熟，每年秋後，勒斯卡木村各家婚慶大喜，兩個人都是引人注目的角色。塔吉克人眾人匯集的社交活動幾乎僅限於紅白喜事，只不過婚事遠比喪事熱鬧。娶媳婦或嫁閨女的人家，相關的親戚到沒到，是這樁婚事能不能被普遍接受的關鍵；對於一個婚禮，若沒有他們在場，熱鬧的氣氛將會大打折扣。他們擅唱擅舞擅鷹笛，另一個本事就是叼羊，粘在馬上的功夫和超人的臂力是他們每戰必勝的保障，為此，他們成了無數年輕媳婦和姑娘們標準的夢裏情人。十幾年前，在我的老朋友加瑪萊力家第一次見到他的兒子霍斯洛，當時那個見人還嫌靦腆的年輕人，最大的樂趣是每天都在鼓搗一個單手可以把攥的答錄機，播放自己和那些鄉間歌手錄的歌，這是他的歌聲後來風靡勒斯卡木村十幾年婚禮場合最初的起步階段。多少年過去，當年那個唇上一層絨毛的年輕人，已是刮去鬍子也滿臉鐵青的漢子。還有一點讓我沒想到，同高原上所有的民間英雄一樣，霍斯洛同樣嗜酒，而且酒量驚人。眼下站在我面前，被我痛打了一下的霍斯洛嘿嘿笑笑，然後捲起莫合煙遞給我。彼此言語的表達都不是很俐落，連說帶比劃地講了幾句，我大意明白了他們一早是為轉場來的，早在一周前，他們已得到了達吾提一家在這一天轉場過河的消息。

兩個年輕人與我道別，掉過頭跨上駱駝沖著河水奔去。那兩峰駱駝馱著他們，被吆喝著、拍打著，到了沒過駱駝大半個身子的水裏還在跑，兩人哈哈笑著，還在比誰跑得更快。

多年的奔波間，我陸續見過達吾提嫁到勒斯卡木村各個居民點的七個妹妹，以他的小妹妹依紮提別給最漂亮。她的美麗，主要繼承了母親白克木的儀態萬方，舉手投足之間盡顯一個大家族的從容不迫，尋常不過的衣飾在她的身上就有了非同尋常的質感和韻味，讓每個見到她的男人都會在一霎間產生一種既欣喜異常又有許多無奈的心緒，使得她最後無論嫁給誰都會讓人永遠嫉妒。

說起來，在她未嫁之前，我曾有見到她的足夠機會，那時候她至多不會超過十八、九歲，不知道是在哪次拎水或擠牛奶的時候與我錯過了。後來，她嫁給了霍斯洛。想一想，我的老友曾是村裡為數極其有限的山村教師，每個月都能買一頭大犛牛的退休金足以讓全村人望塵莫及，一個勒斯卡木的姑娘還有比嫁給他兒子更好的選擇嗎？但是，丈夫的酗酒卻讓一家人為她擔心。在東部帕米爾高原，多少年沒人偷盜滋事，酗酒差不多就是一個男人所可能挑出來的最大「惡」了。

兩個年輕人騎著駱駝過河不久，達吾提一家的羊群也走出了掩蔽著高大沙丘的紅柳叢遠遠被吆過來。羊群到達河邊，望著洶湧的河水，這些每年在高原上數度長途遷徙的牲靈圍著河沿咩咩叫，眼中明顯能看出無助和恐懼。河岸上的羊群被分開，大羊被吆到一邊，一家人逮住小羊羔把牠們逐個抱給幾個騎駱駝的男人。小羊羔被這些漢子們捏住塞在懷裏或抱在臂彎兒裏，每個人都抱七、八隻，然後吆著駱駝掉頭踏入激流之中。河水激湧，有幾峰駱駝踏入水中後，更能看出河水的衝擊

力，走不到十步，已能看到這些男人們的衣服齊腰上下都濕了。駱駝頂著水流向河的另一岸走，這是帕米爾高原任何其他大型動物都無法做到的一種姿態，用前胸頂著水流走，兩腿邁動艱難，每一步都被推得往下退，最後成一條斜線走到對岸。

我太低估了羊群過河的難度，兩三個小時之後，這一年剛出生的一百多隻小羊羔才被抱過河。最剽悍的幾個小夥子胯下，原是旱地最威風凜凜的駱駝已是毛叢盡透，緊裹在身上成了另一種動物。羊群轉場即將啟動的時候，我曾看到達吾提和兒子哈斯木，把一捆大繩結著一堆凌亂小繩的繩子，添塞進麻袋裏帶走，實際上，這是轉場最重要的一個環節。

麻袋裏掏出來的繩子抖開是一束枝型的繩花，那些大羊被牽過來逐一套在繩環裏，騎著駱駝的男人們拽起繩頭重新投入河水中，一串羊同時被拖進水裏，激起河面濁浪排湧，一波比一波更激烈。羊原本不擅水，單個兒放下去眨眼就會被水流沖走，捆紮在一起再有騎著駱駝的人牽著渡河，是轉場唯一能想到的辦法了，危險僅在羊被嗆死或者脫了套被水沖走。據達吾提說，他家一次性損失羊最多的時候，多是在每年轉場過河的過程中，這是高原塔吉克人每年轉場必過的一道鬼門關。

根據繩扣兒的多少和每個人臂力的大小，每根繩子套的羊多少不同，最少的八、九隻，最多的一次性拴二十幾隻，我注意到霍斯洛每次套的羊總是最多。已遠不是十幾年前我見過的那個毛頭小子了。沒有選擇，霍斯洛騎著駱駝從河面最短的的距離橫渡，經常可以看到水流從駝背上淹過去，他跳起來以雙膝抵著駝背，一邊單臂高舉，把一根大繩上拴的羊從水裏拎出來。不是只拽一次，而是不斷地重複這個提拉動作，才不至於讓羊淹死。整個河面都被霍斯洛攪動，水花飛濺，提拉的力量壓得他那一次能馱運五百公斤重貨的大駱駝竟然能一下臥在水裏！拴著二十幾隻羊的大繩一鬆懈，一堆羊隨著激流被捲去。就在這一瞬間，跳進水裏用肩膀抵著駱駝讓牠在最短的時間內站起來，跨上駝背再將二十幾隻羊拖出水面，這一系列動作都在眨眼間完成，霍斯洛那鐵青的腮幫子在飛濺的水花之間閃動，表現出高原塔吉克人最剽悍的極致——堅韌、冷酷和力量兼而有之，是明確無誤的一種完全雄性的氣慨！高原塔吉克人平日示人的溫厚、謙恭和克制一掃而去，這才是他們在最為嚴酷的高原頑強生存、繁衍真正的力量所在！那一刻，我突然醒悟：高原上那些像依紮提別給一樣的美女，她人生最好的選擇，就是霍斯洛這樣的英雄！沒有這樣的英雄蓋世，帕米爾高原的所有風情都將失卻最重要的支撐、失去精氣；如此，才會有女人的春情如花和溫柔似水；才會有欲望和生命不竭的流延……。

信守

接近傍午的時候，羊群到達一條巨大峽谷的溝口。這條峽谷，與箚萊甫相河垂直，有一條河水溢出匯入，溯河而上，騎著馬小跑出去還不至於出太多的汗，就能到勒斯卡木村最大的居民點烏魯克（杏子溝）。進入烏魯克的峽谷兩壁夾持非常窄，峽谷裏邊的谷地卻十分開闊，有大片的農田，羊

群無法留駐，只能選在溝口露營。哈斯木的老婆燒了茶照顧孩子們吃了晚飯，一家人緊接著又開始忙或擠羊奶。我專程登上高點看了看這一天的露宿營地，河水溢流，山峰環抱，一群羊零散分布，一灶火成了一根拴馬樁，羊群、人和一個晚上的夢，這一夜都會拴在這兒。

烏魯克這個地方，以遍地杏樹和每年六、七月間的杏花兒爛漫在整個勒斯卡木村聞名。三十年前，老吾守兒的家族史以此為依據，為後來這個最著名家族的世居之地，達吾提三十歲以前的日子大都在這裏度過。直到今天，家族裏幾代、數門的兒女親家都住在這兒，最親近的有小妹妹依紮提別給的婆家，大兒子馬木提的岳丈，和長女祖來好的婆家，什麼時候都讓人憐愛不盡的瑪麗卡罕就是她的次女。這讓達吾提兩口子在到達後，沒等到兒媳婦燒第一壺奶茶就抱著小瑪麗卡罕走了。

十數年間，數次過往，我都住在好友加瑪萊力家，也就是達吾提小妹妹如今的婆家，當我後來知道他們當天下午就宰殺了一隻大羊一直等到天黑，在感到無限暖意的同時，心裏也有深深的愧疚。在帕米爾高原，守著與人輕言的一個相守會持續多少年，這種堅守以心相抵，唯一支撐的理由就是對你的信任，一但失信，是在心裏摧毀人最美好、最重要、也是最柔軟的生命和生存的依據。我的另一個理由無法向任何人言說，這是我在幫著哈斯木拴住最後一隻小羊之後，依然頂著夜色闌珊摸著去烏魯克的另一個原因。

帕米爾高原的這些日子，相繼延續十二年之久，我對高原塔吉克那些美麗女性們，竟然沒有一絲讓人稍稍有一些聯想的聯繫，唯與一個人有為數極其有限的看不出算標本曖昧的接觸。第一次，是在一個婚禮上看到她拍打手鼓，她湖藍色的眼睛讓我印象深刻。第二次她已成婚生子，我拍她抱著孩子餵奶的照片，看不太清孩子蠕動的嘴唇，稍顯猶豫，她還是把衣服稍稍撩起讓我拍，這份意外地善解為我十數年帕米爾高原之旅所僅有、僅遇。第三次……實際上，是沒有第三次，我只是聽到了有關她的消息。在她還不過二十多歲的時候，丈夫就因病去世，留下她獨自帶著孩子苦撐。高原上的塔吉克人極少有婚變的可能，幾十年間的確切記憶，全縣離婚至多也不會超過幾個人，多半的情況都是有一方病故或發生其他意外，一旦寡居，再婚的可能也極小，這將是最無奈、無助的淒苦人生，我聽到她喪夫的消息心裏極不是滋味兒。當我有可能再次來到這個永遠飄著杏花兒香氣的山谷，心裏很想見到她，有許多疑問等著在見到她的一瞬解開。

我對高原塔吉克女性的瞭解實在有限，她們是掛在你眼前的一道天邊的風景，讓我很難為她們的性情描出一幅畫。沒想到，後來在哈斯木小女兒嬌吾朗身上，讓我隱約窺到她們靈魂深處的景象：每當有外人與嬌吾朗說話或僅僅拉一下她的手，一個年僅六、七歲的孩兒，不是羞怯或簡單的不同意與拒絕，而是以最大可能的程度和所能有的最強烈的反應，在最短的時間作出最快的反抗。扭動，然後不顧一切地在你手中掙脫，激烈而迅速，伴隨著渾身的顫慄和抖動，一個孩子的這種反應讓人意外又震撼！可以想像，在未來成年以後面對一個男人，就像她的母親拉里克今天面對她的父親哈斯木，那將是河與山的相抵相依，會有最極致的性情恣肆與委婉無盡。只是無奈，帕米爾高原的滄桑風雨和塔吉克人的艱辛，將女人的所有性情都掩藏得不見痕跡，每個人都是一個謎，等待著久遠的某一天被輕輕開啟。

小妹妹依紮提別給

夜往烏魯克，多少年過去，僅憑模糊的記憶，我竟然準確無誤地找到了老友加瑪萊力家。還是那個被杏樹環圍的院子，屋裏已經不一樣，與村裏絕大數人家牆上都鋪掛著牆布不同，老友家的四壁都是地道的羊毛壁毯，村裏幾位長老級的人物坐在炕上等著我的到來。十幾天前才從穹托闊依離開，老友知道我到達烏魯克的確切時間，家裏人專門打了塔吉克人特有的用牛奶及酥油和麵的饟，每個都與一個龐大家族的鍋蓋可比。這不會是在饟坑裏打出來的，所費的功夫在平日的幾倍之上，只有貴客上門或給出遠門的親戚送行才會做。

自踏入門檻第一步，一直到落座喝茶，再到後來洗手吃肉，每個間隙都有足夠的時間瞭望我的老友在這些年不斷翻蓋的房子，有幾次與依紮提別給的目光相觸，這是我第一次在她所屬的環境中，非常明確地確定她作為加瑪萊力兒媳婦和霍斯洛老婆的身份。非常遺憾，對依紮提別給遙遠的少女年代毫無所知，我還是很難相信眼前的她，已是三個孩子的母親。多次見到她的情景，讓人很難把她的儀態萬方與抱孩子撒尿這兩件事聯繫在一起。在她嫁過來並且已有三個孩子的家裏，我看到她給孩子餵飯，最後用手指把碗沿兒抹淨，再像所有的塔吉克女人一樣把手指往嘴裏最後一吮，這一切依然做得從容不迫。也許，人的心思真的是不用說破的，她知道我對她的關注，一瞥之下，什麼言語都盡含其間。在我洗手的間隙，她用我所能懂的為數不多的塔吉克語問我：「阿奴亞克西嗎？」

這句話的意思，是問我「媽媽好嗎？」，她是把我當做自己的娘家人。

我也只能回答這一句，但，我明白問的和答的意思都遠為更豐富。在後來的全羊大餐結束之後，依紮提別給給孩子們脫衣服睡覺，她把每個孩子都細細向我介紹，多大了，叫什麼名字，這種敘述的語意背後，有更多的溫情流淌。

這一夜，我留住在加瑪萊力家沒走。照塔吉克人家的習慣，吃一餐飯是一份心意，留住下來是更重的一種表達。多少年前，我在這兒認識的人還十分有限，每次從烏魯克過往，加瑪萊力家的奶茶和每晚鋪的厚厚被褥曾給我多少記憶。這一天，是依紮提別給為我鋪的床，直到我睡下，她和她的丈夫霍斯洛才離開。

在加瑪萊力家留住一夜，我更清楚了這個家族與老吾守爾家族的淵源，不但是兒女親家，上一代人同樣有著極深的血脈聯繫，加瑪萊力的夫人是老吾守爾最小的妹妹，這種交錯盤結的關係就是高原塔吉克人的血緣結構，這使你每到這兒來過，就不可能輕易走得掉。離開的這天上午，隨著本村的長老，我一直在各家轉。烏魯克的人們，往溯三代，最多不出第五代，原本就是一家人，亦如世界上我們久遠的始祖。這種血緣的距離，所有的訴求與碰撞都會在共同認定的範疇內解決，相互之間的頻繁換親更有一種紐帶與潤滑的作用，保持一種寧靜平和。一旦這種紐帶的聯繫崩斷，或利益訴求突破雙方共同認定的極限，最極端的狀態就是戰爭，就像今天世界發生的狀況一樣。

在整個村裡，烏魯克以可耕土地和最多集中的人口排名第一，說起來，也不過二十幾戶人家，每家都是相去不遠的的親戚，霍加那紮爾老人的長女塔吉古麗是達吾提的長媳，達吾提弟弟祖木來提的一個女兒又是老霍加那紮爾的兒媳，痛惜的是如今已去世。坐到老霍加那紮爾的炕上，我很想看看數月前老人專程去穹托闊依接回來的孫女和祖木來提的外孫女妮薩，很遺憾，孩子已隨父親去了夏牧場，我留下二十塊錢，託老霍加那紮爾將來交給他的孫女。轉場之前，我曾在一個做小買賣的人家換了一把零錢，都是給沿途各家的孩子們準備的。高原上這些孩子，還不知道滑板和愛迪達，只要幾塊錢、甚至幾毛，就能給他們無限歡愉，送的不是「禮」，而是讓孩子們知道你在意他。

霍加那紮爾老人

每次見到霍加那紮爾老人，我總有一份隱痛。十四年前，穿越帕米爾東部的高大邊緣，第一次從塔什庫爾幹河谷到達箚萊甫相河流域，租了鄉親們的幾峰駱駝隨行，其中就有老霍加那紮爾。當時的有關部門滿口允諾路途接待所有的開支，到了目的地，我很意外鄉親們張嘴問我要租金，每峰駱駝一天五十塊錢，我以為應該付錢的人不是我，所以堅持沒給。多少年過去，彼此成了親戚，錢的事已不好再提，一份愧疚讓我擔到了今天。這天告別的時候，老霍加那紮爾撩起褲子告訴我他現在每天腿疼，我仔細看了他的腿，沒有什麼表面症狀。估計，是腿骨子裏的事。我問老人最近有沒有去縣城的可能，心想帶老人家去醫院看看病也算是一種補償，老人家滿口答應。達吾提告訴我，高原上的老人到了晚年腿都疼，騎了一輩子的馬，腿沒有馬蹬子硬，腳沒有腳下的路硬，只要忍過一時腿不疼了，老霍加那紮爾絕不會再來找我。何時能遂願讓我做些彌補，無法預知。

在烏魯克各家周轉，面熟面生的人都說見過我或知道我，我藉高原塔吉克人的民間流傳系統進入一個被傳說的年代，這份榮幸已是今天人想都無法想像的一種奢侈！匆匆走過十多年的歲月，留在心底的感覺溫情綿長。但是，沒見到妮薩是一個痛，我更想見到那位藍眼睛的姑娘，十多年間有幾次見到她的機會，我漸漸知道了她是誰，住在哪兒，當我在霍加那紮爾屋裏坐下來的時候，給我倒茶的就是她。不可能有語言的詢問，相視的一瞬又容含著所有的詢問，她的臉色已有了久經風塵的變化，從一個姑娘完成到婦人的轉換，只是一那雙藍色的眼睛依舊，似是能懂我越過重重大山而來的目的。在我與幾位客人喝茶的時候，我注意到她在另一個屋裏照鏡子，匆匆一晃，攏攏頭髮，轉身再回來，不知道，這能不能視作她對我有所在意呢？沒見到她當年抱在懷裏讓我拍照的那個孩子，也不知道這個孩子如今有多大了，偶聽說這一年她將再次出嫁，本來註定無望的人生格局獲得一個轉機，對一個寡居的塔吉克女人，這是怎麼估計都不過分的一件幸事。出門告別，我用所會不多的祈語為她祝福：胡大耶瑪瑪內！

意為：真主與你同在，或真主保佑你。

自烏魯克溝口分手後，我一個晚上都沒有見到達吾提夫婦，第二天我們一起坐在了老霍加那紮爾家的炕上，難得沒見到天天吊在達吾提脖子上的小瑪麗卡罕，讓我有點意外。達吾提的長女一口氣生了三個丫頭，小瑪麗卡罕是她的次女，自小交給父母代養，實際上是減輕家裏的負擔。達吾提說他會把瑪麗卡罕一直養到未來結婚出嫁，轉場路過烏魯克，這是給他們一家一個見面的機會。我有些疑問，問達吾提，瑪麗卡罕昨晚上是跟誰睡的。一下回到母親的懷抱，我擔心這一天轉場會不會再帶得走她。

達吾提搖了搖頭，說沒有他不行嘛，瑪麗卡罕誰的跟前都不去。小瑪麗卡罕不到四歲，從她的身上就能看到達吾提家的孩子每一個都是這樣長大的，每年都會隨著羊群在高原上漂泊，那些大山、水畔和廣大無盡的曠野就是童年最重要的生長背景，這是每個高原塔吉克人的共同履歷。

山間密道

轉場之途漫長而艱辛，大都在荒野之間遷徙，碰到有草、紅柳或沙棘林的地方，就得停下來給羊足夠吃草的時間，以儘量彌補過度的體力付出，這是羊最容易掉膘、掉得最狠的時候。羊群主要以母羊構成，冬春缺草，再加上小羊羔出生，所剩不多的體力積存只能勉強支撐牠們遷往夏牧場，這是一個極盡消耗和磨難的過程。轉場路上，很少碰到人家，就是有人家，也不可能吆著大群的羊去作客，隨羊群轉場的人只能選擇野外露宿，擔心羊群散去走失，也擔心被狼襲擊。

這是一條多年轉場的牧道，途中的營地多有柴草垛的羊圈，圈旁有可供牧人安頓的小屋。能夠露宿的地方有可以遮蔽、依傍的條件，攤開被褥就是家。能夠搭「馬架子」的地方，多是能伐到木頭的地方，林木繁盛。進入這個地帶，海拔已拔升到四千米以上，地表植被垂直對比的差異非常大。

塔里迪庫勒河的河面，有把一根套牛繩來回扔兩次的寬度，水流湍急，河底石頭尖利，駱駝無法走，架橋的難度大，達吾提父子脫了外罩的衣褲跳下水，來回抱著小羊羔過河。轉場路途口渴，我不止一次撲伏河邊喝水，第一口無法吞咽，含在嘴裏良久，那種冰涼會讓滿口的牙齒一時難以適應。很難想像，達吾提父子把百十隻小羊羔抱過河，兩條腿是不是還有知覺。如老霍加那紮爾一輩的老年人，到了晚年腿疼走不動路，一個原因是大半生都在在馬背上度過，另一個原因，恐怕就是常年裸著兩條腿在冰冷的河水裏走。這讓人能看到達吾提父子未來的漫長歲月，漸漸老去的腿，相對高大寬廣的高原，總是難以支撐。在高原上生存，心臟病的概率較高，另一個就是他們普遍都有腿上的隱疾。

小羊被抱過河之後，大羊被女人和孩子們悉數吆到了河邊，一時讓我弄不明白，不知道還會有什麼辦法把羊弄過河。想不到，他們最後的辦法很簡單，拎起羊往河裏扔。上游往下，間距不會超過十米，撲騰幾下，羊就能踩著河底的石頭過去。通常見慣了牧人吆著羊一天也未必動幾步的情景，

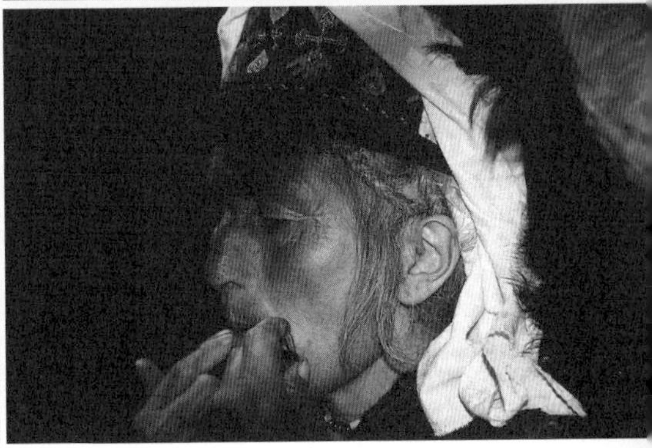

很少有這種以力相搏的狀態。達吾提的體力已不及年輕時的一半，抱著羊把羊放在水裏，哈斯木則是一把揪過羊，拎著羊角再攥著後腿把子，一隻一隻……就能把羊扔出去七、八米外的河裏。一隻羊的體重，怎麼也在十幾、二十公斤以上，一百隻羊扔出去的重量就是兩噸！高原塔吉克人，一個讓人羨慕的大家族，首先得有幾個哈斯木這樣的勞力，不然，真是很難在高原上支撐。

常年有人畜在山間過往，過河是每年夏秋之際無法回避的難題。分散在河谷的偏遠人家和常有人過往的清淨山道，都會架起如今只有在這些最僻靜的地方才能見到的吊橋，這是羊群過河的第二種辦法。吊橋簡陋得超乎想像，只有兩條不會比一根筷子粗的鋼筋並排繫在河岸兩邊的樹上，兩條鋼筋上再繫一溜兒小羊腿粗細的木棍，搖搖晃晃橫越河面。通過這樣的吊橋，落腳重了、歪

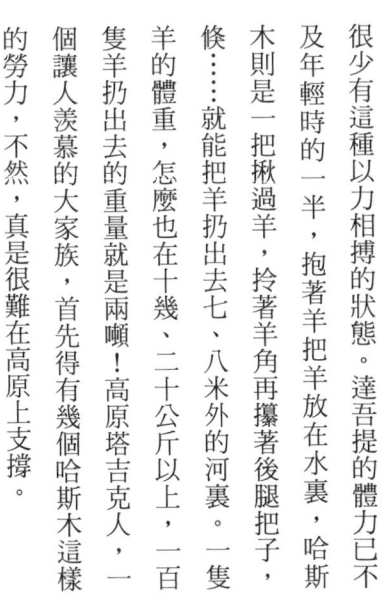

了不行，跨過去的速度不均勻也不行，稍不慎，一晃就會掉下橋去。達吾提一家三百多隻的羊群最終全部從這座橋上通過。

這畢竟還是條不為外人所知的山間密道，往來過客僅限於村裏。離開居住區域稍遠一點，在沒人過往或不是轉場的時節，那些簡陋的吊橋就會被人遺忘，木棍掉落，鋼筋被重銹腐蝕，等到第二年羊群轉場經過，已無法通行，掛在河面上成為往昔有人經過的痕跡。從駝袋裏掏出鋸子和斧子，達吾提父子沿著河畔叢生的野柳林尋去，最後找到幾棵碗口粗的柳樹伐倒，拖到河面上棚架起來再墊上石塊兒，就為羊群通過搭了一條道。

依薩布拉克小村

零散分布有十一戶人家的依薩布拉克（溫泉）小村，是塔里迪庫勒河谷唯一的聚居群，十多年前第一次找到這個小村，匆匆掠過，我立刻意識到她的地表面貌和與外界保持的距離，都具有帕米爾高原最經典的象徵意義：遠距世外，又保持著與外界溝通的欲望，完全是高原塔吉克人心結的一個現實呈現。我在此留駐了大半年，形成對帕米爾高原的全部感悟和認識。多少年過去，這兒的人和在這兒的經歷已是我經常思念的一部分。

踏過通往依薩布拉克的吊橋，第一幢房子就是都爾那瑪大媽家，老人家的牙差不多已褪盡，兩鬢白髮從包裹的頭巾兩邊漏下來隨風飄動，歲月滄桑，這種無情的老去讓我在見到老人的第一眼禁不住滿眼欲淚。當年還是孩子的七弟厄郎米克已有了自己的孩子，原來石頭垛的老屋翻修成了全玻璃吊頂的大宅，落座剛喝過茶，一頭大羊被牽進了屋，老人說半年前就聽說我有可能經過此處，羊群轉場的時候沒帶走，把唯一的這只羊留到我來的這一天，此情此景，任何言語表達都會多餘。

待我如母的另一位大媽是提加大嬸，當年騎犛牛跌傷，老人家碾磨了塔吉克的民間草藥給我細細抹在傷處，言語間是絮絮叨叨的責怪，那情景讓我記憶如新。最高興的是提加大嬸也蓋了新房，雕花的柱子和樑為整村所少有。在我還沒到她家之前，老人家已囑孩子們專門烤製了酥油餅，讓我吃夠再讓我填滿背包。

這個季節，被油綠的杏子樹環抱的依薩布拉克，讓我有歸家的暖意。面對老母親、面對襁褓中的孩子，面對村口新增的墓地，柔腸百結，哭不出、說不透。最後看一眼麥黃草綠，大山之間有幾棵楊樹清淡若墨，還有一群野鴿子飛，我掉頭向山谷更深遠的方向走去，達吾提一家的羊群已漸遠。

狼災

告別穹托闊依十天之後，經過大片河谷縱橫的地帶，海拔逐漸抬升，山頭白雪堆積的大山重在眼前出現。空氣清冽，寒氣迫近，河水冰得有勒手的強度，已是典型的高山地帶環境，與慕士塔格雪峰在相去不遠的海拔高度。這裏被稱作克木山哈里，克木山是人名，哈里為羊圈。

一路走來，整個上午都是晴天，下午已是漫天濃雲，把整條山谷罩住。等我們趕到，未及紮起帳篷，雪霰已在往下撒。正趕上一個小氣候迴圈，晌午豔陽午後陰。只有在冷熱兩種氣候條件作用下才能形成雪霰，依照低地平原人通常的意識，盛夏飛雪會被視作大不吉，如元雜劇《竇娥冤》中記載感天動地的六月雪，在帕米爾高原，這個概念完全不同。盛夏豔秋，何時、何地不飛花？大雪會比女人的眼淚落得勤。雪停之後，未及小睇的功夫，又下了。

鑽進帳篷，一直得忍受篷頂的聲音比河畔的水聲細密。

達吾提一家不睡帳篷，睡在一幢沒裝門的石屋，能看到雪簌簌落落在往下飄。屋裏大垛的乾草是馬木提十幾天前預先馱運來的，留待走到地乏草荒的時候，給駱駝、馬和一些體質弱的羊救急。

在相對較遠的低地河谷，牧人防狼還僅是一種意識，狗吠陣陣激起，多以為有狼竄過，實際上，不過是一隻狐狸或野兔子。克木山哈里完全不同，這一帶已進入經常有狼出沒的領地，一個晚上都不會停的狗吠實際上是牧人給狼的通報。你不會看到高原上這些野性不馴的獸在你眼前出現，自此開始，牠們已開始全天候地對羊群進行跟蹤，就是在白天，也能感到無數隻幽藍的眼睛在盯著峽谷之間，一待時機出現或牠們餓得不能忍受，狼對羊群的襲擊就不可避免。不過，這種情況通常都發生在晚上。小狼或餓得不是太急的狼都會被狗吠擋在幾里地以外。一但執意襲擊，以最快的速度衝下來咬過羊群，只要短短的幾分鐘，七、八隻羊的脖子就會被狼牙撩開，血管被咬斷。通常，襲擊成群的羊，有狗護圈，人也不會離得太遠，沒有拖走羊的從容時間，狼只會把羊咬死，吸吮羊血，羊脖子上留下幾個深咬下去的牙印兒。

雪下了一夜，拉開帳門抖開篷頂的積雪，滿眼望去，我們昨天才走來的那個可見綠色的季節已不復存在，恍如隔世。一個晚上落下來的雪已能沒過腳踝，除四面過於陡立的山壁還有岩石的基色，天地一片被白色籠罩。

羊群轉場的路途重山疊嶂，歷經勞頓，每次都會付出有羊丟失或死去的代價，羊的體質總體下降。而每年隨季而動，以完成塔吉克人每年最重要、最大的數次空間轉移，伴隨著生死訣別的感情牽絆，動機是什麼？

帕米爾高原以龐大的山脈構架為主體，零星草地多分布在山間谷地與河脈兩邊，加之草情受季節性因素的影響，首先在數量上不能從容調配，沒有保障。另一個重要原因，以往對帕米爾的描述所沒有注意到的，就是草場草的品類不同。穹托闊依河畔的草場多以針狀的青草構成，這種草的營養均衡，適宜羊群春牧或作為捱過秋冬過度的轉換。隨河脈延伸，紅柳、沙棘、胡楊的枝葉成為調劑，進入塔里迪庫勒河谷植被分界帶之後，地表生長的多是呈灰色的松蒿類植被，鹼性大，營養價值高，更利於產奶催膘，這就是羊群經過百折千轉最終要走到這裏的原因。沒有這個接替，帕米爾高原的大小牲畜就會欠缺營養供給最重要的一個環節，羊個體的肉質、毛質會有很大不同，最重要的原因，是為下一代的繁育做好體質和營養最充分地儲備。

從克木山哈里到翻越喀拉蘇達阪還有一天的路程，這是從海拔四千二百米到五千三百米的提升，垂直海拔高達一千一百米，對於經過十三天長途的羊群來說，這將很難承付。強行翻越，就會有大批的羊因體力不支和高山反應，在翻越途中斃命。因為這個原因，在到達距克木山哈里僅五公里的塔里迪庫勒後，達吾提決定讓羊群停下來兩天，這是翻越喀拉蘇達阪之前的最後一個放牧點。

與幾天路外的綠色溢透不同，塔里迪庫勒的季節還停留在上一年沒有轉換。最讓人意外的是河面上的冰，跳上去跺跺腳，沒有想像中可能崩塌的情景。崩裂的冰縫兒下河水幽咽，冰的質感有城牆的敦厚。也許，再有兩個月或整年也未必能全部消解。常年冰凍，不斷有降雪補充，受冰蓋和終年不化的高山堆雪影響，在海拔四千米以上形成了一個相對穩定的冷空氣環境，這裏正是這個冷氣帶最下端的邊沿兒。最為絕妙的是，就在河面冰層的兩邊，卻是最鮮豔的綠色，疏疏淡淡，這是兩個極致季節的對峙與碰撞，能看到綠草在冰垛的邊沿長出來。除了日夜喧嘩的河水和山谷兩邊偶爾崩塌滾下來的石塊兒，這裏另一個突出的聲音就是冰層的融水在滴滴答答地掉落，下面是流淌的河水，水與冰面之間有一指高低的隔開，都使冰層融水的跌落聲格外清脆。

達吾提一家在塔里迪庫勒的牧居點，房子規整的程度，遠高於散落在牧道上的其他幾處臨時宿營地，門前倒牛糞灰的地方長久沉積，已在一大片坡地間形成一塊兒非常突出的黑色地帶，薄雪未必蓋得住。轉場途中的營地，多是臨時過往，歇個腳第二天離開沒人投入更多的關注。塔里迪庫勒顯然是一個更長久的經營，更重要的原因，我發現這條峽谷再也沒有第二戶人家過往。

帕米爾高原的牧人，沒有蒙古人和哈薩克人的氈房，隨季節周轉，在每一處落腳的地方都會一個石頭的房子，房子的旁邊就是圈。十幾年前，臨水傍林的地方多用河柳樹幹和隨手砍下來的沙棘紮羊圈，海拔提升，高山山地的羊圈用石頭垛。近些年，塔吉克人羊圈普遍使用的是一種鐵絲網欄，早晨起來看著大雪瀰漫，羊群沒有一點遮蔽，每只羊都馱著一身厚雪。看護羊群的生活，雨雪無常，碰上這樣的天氣，也不能耽誤吆著羊群出去，走過山崖，雪從深遠的峽谷吹來，羊群頂著風雪遠去，天地空茫，羊群若一坨墨影，這個意象讓人倍覺高原人生的悲愴！

這一天是孩子們跟著達吾提去放羊，我不明白他為什麼扛了一把鍬。

羊群一直往前一天才遷過來的克木山哈里走去，沒有一半路，雪就停了，太陽騰地跳了出來，天空碧藍，雲壘飄搖，這是只有在帕米爾高原和青藏高原才能見到的雪白雪白的雲。羊群撒在溝谷之間慢慢移走，積雪融化之後，地面植被的每一棵草尖兒都帶著露珠兒，羊不停啃噬的嘴和牙齒就在這些露珠兒間來回掃動。這時候，孩子們不會急於吆著羊走，由著羊悠閒啃著地面上的草。

跟著達吾提走，經過孩子和羊群也沒停，我們一直往克木山合力走去。

前一天經過，我都沒在意，達吾提一家住的那間陋屋前竟有幾畦田，每塊兒不會比兩張雙人床大，扒拉扒拉才能看出來地邊兒一圈都有經意掩的石頭，達吾提放下鍬一腳踹下去，就開始翻地了。溝谷河畔，一場山洪會使地面的一切蕩然無存，留下點土不容易，加上與羊圈緊鄰不缺糞肥，這塊兒地不怕荒，只怕地力過大、過猛了。

達吾提描述，他的家族三十年前曾一度完全棄牧，只種地，後來承包到戶，重新有了羊群，他家的夏牧場被分在喀拉蘇，這才有了後來延續三十年不斷的轉場，每年春往秋返。羊群走過塔里迪庫勒河谷的大半段之後，一般都會沿著另一個方向的蓋加克峽谷翻越高山阻隔，前往夏牧場。這條線路最大優點是，途中翻越達阪的海拔高度會下降五到八百米，不足是多走一到兩天的路。多年間，達吾提一家一直都沿著這條線路轉場，後來，他們選擇了塔里迪庫勒河谷，因沒有人願意吆著羊群翻越海拔五千三百米的喀拉蘇達阪，這條峽谷和這座達阪最終為達吾提一家所專用，為此，我將這條峽谷命名為「達吾提．吾守爾」峽谷，喀拉蘇達阪更名為「達吾提．吾守爾」達阪。

在遠去世界地理大發現六百年之後，我非常吃驚達吾提竟然還會獨自找到塔里迪庫勒峽谷並且僅為他一家人所用。這條峽谷，任何比例尺的地圖都未予以記載。當我跟隨著一路走過，見他不時俯身把擋道兒的石子撿掉，把零星草甸中滾落的石塊兒搬走，我很感動。他手下的每次搬動，實際上，意味著多少年後一個家園的建立，逐年開墾出來的地已是這個家園初建的第一步。

接過鐵鍬，我拄鍬開始挖地，挖下去掄起鍬再把翻起來的土拍平。大大小小六塊兒地，我和達吾提輪流各自翻一塊兒，不一會的功夫全部平整完畢。達吾提開始給地裏澆這一年的第一次水，第二天再翻一遍就可以下種。我把周邊的石頭都搬了過來，一塊兒一塊兒垛起來給地砌道沿。其實，這裏不會有人不小心跨進來，只是希望精心布置後顯得更舒服一些。之後，他鑽進前一晚上住的棚屋拎出一個塑膠袋兒，打開給我一一看過，都是第二天要撒在地裏的菜種，有黃蘿蔔、捲心菜、大白菜，和據說只有在本地才能長得最好的恰麻姑。想像著這些菜都能長起來的情景，隔三差五，達吾提都會翻過達阪來照料他的菜地、收一茬兒菜，這段路往返走兩天，卻是延續數千年歷史的改變。從此，塔吉克人飄蕩無定的高原遊牧生活，將有一種最重要的調劑和品質提升。

整完幾塊兒地離開，不一會兒就攆上了往回返的羊群，看羊的孫子白給克和妹妹嬌吾朗，採了大把的草籽掏出來給我看，達吾提接過在掌裏稍作翻撿，然後一把填進嘴裏，告訴我這東西吃下去養胃。我嘗了一下，微酸，有略帶澀味兒的清香。記得當年我騎犛牛摔傷，依沙布拉克的提加大嬸給我塗的藥就是一種叫阿莫吉蘭的草，再加一種帶銅銹的石塊兒碾製的。多少年過去，不知道塔吉克人還有多少《本草綱目》未記載的獨到發現。

見到我們，孩子們丟下羊群撒去山野間，不一會兒就沒了蹤影，由我們兩個老頭兒看著羊群接著放。從克木山哈里到塔里迪庫勒，這段山路要不了兩個小時就能趟過去，吆著羊得走四、五個小時，我有意享受一下這份難得的消閒時光。不時一聲呼哨，沒有任何著意渲染，清清淡淡，悠然無盡，讓羊知道你在對牠表達的意思：不急不急，慢慢吃；不急不急，慢慢走……。

途中走到河邊，達吾提招呼我坐下來，解開攔腰繫的圍巾，裏邊裏的是饢。根據花色，我看出來這是他老婆前一天還繫在頭上的圍巾，包著招待我和幾個客人吃剩的碎饢塊兒。在高原塔吉克人家，客人永遠吃的都是最新鮮的整饢，他們絕不會把啃了一半或掰了一小塊兒的饢拿給客人吃，掰碎吃殘的饢通常是在客人走後或客人看不見的時候，留給家裏人吃。說實話，在常日情景中，我根本不會有吃這種饢的念頭，這會兒，和達吾提坐在河邊，拿起沒有一塊兒半掌大的饢在河水裏蘸蘸吃下去，能明顯聞出達吾提老婆濃濃的頭油味兒，背過身去我差點兒沒哭出來，慌忙以手掬水洗了把臉，沒讓我的老友看出來。想想已過去的半生歲月，何時何地何曾有人用她的頭巾給我包塊兒饢繫在腰間？穿越歲月滄桑，行走天地間，誰知道一個大丈夫最重要的心理支撐就是這樣一份溫情？絲絲縷縷，不著痕跡，是疲憊時的撫拭，何嘗不是終極？

翻越喀拉蘇達阪

駱駝是塔吉克人最重要的馱運工具，打柴、托運東西或出遠門都離不開。但是，駱駝沒有在高原雪線之上的生存能力，承受海拔極限的耐力和擅行沙地的蹄腳，都使牠無法翻越岩石嶙峋和有冰雪覆蓋的達阪。在到達塔里迪庫勒的當天，達吾提就讓隨羊群轉場來的侄子買熱買提江把幾峰駱駝帶下山去了，兒子哈斯木翻過喀拉蘇達阪去找犛牛。塔吉克人家的犛牛，常日都撒在冰岩重疊之下的山裏，一場雪後，連個犛牛的蹄子印兒都看不見，得一條溝一條溝找過去！當這些犛牛被牽過來拴在門前不遠的一片草甸間，轉場最壯觀、也最為艱難的一刻就將拉開序幕。為了這一天，羊群已在

翻越達阪之前休整了兩天。

高原塔吉克人，體重普遍偏輕，達吾提的身高在我之上有一七五公分，體重不足六十公斤，瞬間的爆發力和韌性都極為驚人。與食物所能提供的營養攝取似乎關係不大，僅有的饢和茶造成了普遍的胃病，一天吃五、六頓扛不住餓，基本上沒有瓜果時蔬。由於受草場限制，畜群永遠無法突破擴張極限，提供的肉食和乳製品相對於日常生活還很奢侈。塔吉克人在高原的生存現狀與能力，是典型的自然對人「馴化」結果。我的體力與耐力已在常人之上，相對於塔吉克人，最重要的欠缺是一個民族在高原上延續數千年以上的適應過程。

午夜過後，我睜開眼睛就睡不著了。又是一天彌揚大雪，到我睜開眼睛還能聽到雪打在帳篷頂稀稀落落的聲音，這是我最擔心的。翻越達阪的路，多是見楞見角的礫石，有一層雪走起來腳下會很舒服，雪太大了就是滑梯，一滑滾下去，幾步外就是直落谷底的懸崖，行走的難度大為增加。

我起身開始收拾行囊，天上沒有一顆星星。遠處有一塊兒石頭突然從山頂滑墜，嘩啦啦落去谷底好久才歸於平靜，給我翻越達阪之前的這一刻增加了某種氛圍。不過，我很高興，根據石頭滾落谷底的輕重聲音判斷，這一夜的雪下得還不是很厚。

站在達吾提家的門前貼近耳朵聽了半天，除了輕微的鼾聲和喘息聲，屋內很靜，說明一家人都還在熟睡。我有些為難，猶豫再三還得敲門。屋裏不一會有了動靜，達吾提的老婆塔吉哈尼嘀咕了幾聲，另一邊是哈斯木老婆拉里克的答應，這是婆婆在給兒媳婦作交代，後來是鐵鏟子刮灶坑的聲音，門被推開，拉里克端著一盆灶灰出來倒。

我進入屋內沒地方插腳，石屋裏外兩間都睡著人，他和老伴摟著小外孫女瑪麗卡罕睡在外屋，我站的地方離他們睡覺的地炕沒有兩步遠。達吾提抬眼向我問了好，起身在被窩旁邊扒拉出一塊兒地方讓我坐，我抬手按住了他，拉過被子罩住頭讓他繼續睡。事先，我們曾商量過，這天早晨由三弟蘇萊曼夏陪我翻過達阪，等他起來我們就可以出發了。灶邊兒媳婦拉里克已燒了茶，比平日倒了更多的奶子，連喝三碗，頓感到熱氣從腳底竄起，整個人暖和過來。走出屋門，我在屋頂抽了一根棍，想想一路積雪覆蓋，有這根棍就會有不少支撐。

從看不透、摸不著的陰黑無邊到漸漸泛出灰白，天色的轉換在我撂下奶茶碗的時候已經完成。我和三弟匆匆走過，驚得幾頭犛牛都站起來瞪著眼睛看著我們，發出的牛哞充滿警惕和憤怒。非常遺憾，等不到全家起來搬垛子捆犛牛的熱鬧場景了，羊群還得吆出去有足夠吃草的時間，估計，至少還得四個小時以後，羊群才會向喀拉蘇達阪方向出發。我隨蘇萊曼夏趟開步子向正北方向走去，這是我第一次走向十多年前就聽說的，那座轉場必經的喀拉蘇達阪。

天空依舊是陰雲一片，罩著遠近的山。因為有了山的參照，能看出雲的灰度有深淺不同的變化。最富戲劇性的一刻出現了，東面一坨紅暈漸漸濃釅、擴張，太陽最終從雲層背後躍出，原來灰色的雲層都被染紅，雲霞霓裳，絢麗輝煌！最為奇特的是，還有大小兩圈日暈。晴天日出是給天地間點一盞燈，普世通明，進入另一個節律。烏雲密布時的日出才會有燦爛的氛圍，讓人有祺誦和高歌的願望，隆重而輝煌，這是所有儀式性場景的必須。

從牧居點走出去不遠就進入了峽谷地帶，兩側都是聳立的高山岩壁，覆蓋著河水的冰面成了最好的通道。腳下很吃力，仔細算算，海拔在數小時內就會拔升一千三百米，平均每個鐘點都有二百米以上的拔升，我的呼吸和步率極為均勻，基本上是一呼一吸各三步，唯一扛不住的就是渾身燥熱，不得不把早晨紮在身上的麻繩解開，後來再解開衣服，仍擋不住滲汗。這種時候，更能明顯感到高海拔地帶的冷風硬，有硬物的質感在往你身上戳，往你骨頭裏滲，我只能撩開衣服不能脫掉，一層衣服也就是犛牛身上那層皮毛，這層間隔能起到很好的抵禦作用。

實際上，這並不是一條從頭到尾通貫的峽谷，以山為界，從一條山間谷地進入另一條山間谷地，峽谷的折向會改變，水脈會有完全不同的另一種源流承接，完全是另外一個峽谷和河流系統。記住這些比羊毛還多的地名兒和河流，常是一個帕米爾高原牧人必備知識的一部分。三弟蘇萊曼夏和我正在穿越的峽谷，已是塔里迪庫勒河最後一段深切河谷，兩面岩壁與河底落差極為懸殊，一條水脈對一條河谷所能有的雕蝕作用表現得淋漓盡致。由此沿一側岩壁登上去再走一段，就完成了從峽谷中的穿越，進入一片遼闊和緩的曠原，這種轉換帶來的變化讓人在視覺和感覺上都覺得新鮮。不過，我可還沒糊塗，照行走的時間判斷，我們距喀拉蘇達阪還沒走到一半的距離。

由於地域遼闊，有更大直接承受陽光照射的面積，高地曠原的積雪比峽谷中的冰層消融得快，這是下游河流主要的給水源。不過，這個地帶已看不到水脈流經地面形成的完整河段，都是不見聲色的零星融水，匯集後在谷地中央的一片裸石下潛行，這是河流孕育地段的典型地貌。融水的聲音細微如草葉撥動，有酒杯相碰的質感，構成一片細密的沙沙聲，直到我後來登上喀拉蘇達阪都沒有走出這片聲音所能影響的空間。

高原山地推延到最上端之後，聳立的山彼此相距遙遠，拔升的態勢極為和緩，讓你覺得抬腳就能跨過去。山脈形成之初，依據地下所有的能量和岩漿不同的質感，大地瞬間崩裂爆發，完成山河塑造。最後的地面兩端開闊，中間密集，所不同的是，極下端的開闊帶海拔大為降低，構成了人類聚居的平原；上端的開闊帶，由於海拔的急速高升成為生命的禁區，站到這兒，你才能看到大地的全部面貌並梳理出清晰的脈絡：那些高大的山脈在更為遼闊的天空之下，就是撒出去的萬馬奔騰，每一座大山都極為壯觀，但是，最初攥著這些馬轡繩的地方，就是你腳下這片不見波瀾的曠原！

沿著曠原邊緣的任何一點，都能跨越東部帕米爾高原的最高點，另一邊進入山脈縱橫的塔什庫爾幹河谷。沿著與河垂直方向的每一條山脈走下去，都會找到塔吉克人分散在高山折皺之間的那些隱秘牧場，到達喀拉蘇卻必須找到與之最為接近的那個埡口，這是達吾提一家每年轉場必經的路。

終於站在山腳之下，三弟把遠處的山脊指給我看，那就是喀拉蘇達阪，這時海拔高度至少已在四千七百米的山下。他說：「這個地方嘛，十步一次小休息，二十、三十步嘛一次大休息，它馬克

（煙）抽一下。」

喀拉蘇達阪的坡面看去並不是很陡，由於海拔高度的抬升已遠在常人所能承受的極限之上，每一步就會有超常的難度。難怪，這裏走的路已開始以每一步計算。常年行走，坡面留著一道清晰「之」形迴圈的路，直達坡頂，所幸還沒有被前一天的大雪完全覆蓋，不然，蹚著過膝的雪行走，將是極難的事。

三弟果然說得很準，開始攀登，每十步是你想歇口氣兒的節點，三十步開始感覺不停一下已經難以承受，五十步就是體力超額透支，看上去短短的不過抽一鞭子馬的路，走起來才覺得無限漫長，我們一次最多只能走兩到三個之字形坡路的一折，耗費了我們從塔里迪庫勒出發以來的一半時間。

天空漸漸有了放晴的跡象，雲變得稀淡。爬到達阪之下看去最高的山脊線，原是一道山岩隆起，擋住我們從下往上的瞭望，上邊還有大段的坡面。這段路非同尋常，積落的雪沒有融化，勁風吹過，雪面已有冰的硬度，不知道將來羊的蹄腳踩在上面有多滑！我拄的棍派上用場，可以多個支點，緊要的時候可以往深雪裏一插，阻止人腳下滑動。最後幾步太滑，手腳並用爬過去，站起來讓人肅穆。喀拉蘇達阪，覆蓋著皚皚白雪，最頂端有一條齊腰深的雪巷，這就是達阪過往的路。這裏的海拔高度正好是五千三百米。

積雪太厚，每挪動一步都得踩出一個雪窩再往前移動。在山崖背陰的地方，融化的水結成冰溜子垂掛，每根都有一根黃瓜的粗細，在陽光下通體晶爍。放眼望去，遠近的山都被積雪覆蓋，使這個世界只有白色和天色構成。

登臨喀拉蘇達阪是我最愉悅的一刻，心境浩蕩。不過，我也開始有些擔心。在陽光照耀下，可以看到白雲投映在無垠山地上的影子緩緩劃過，這是時間流離的狀態用一種可見的方式清晰演示出來。後來，地下的陰影逐漸擴大、模糊，最後與投映的雲融為一體，天地都是陰沉沉的一片，臉上開始感到零星的雪粒如蚊啄。就在這個時候，回頭一望，我看到達吾提一家的畜群已到達喀拉蘇達阪之下。

氂牛

犛牛走到半山腰之後，羊群才開始啟動，咩咩的叫聲蓋住了峽谷間原來幅員廣大的融水聲。不過千百米的坡路在瞬間急速拔升六、七百米，坡度仰角大於30～40％，這樣大的坡度再加上有雪，不能想像犛牛和羊擠在一塊兒的情景。非常奇妙，我發現犛牛的步履在達阪上和人差不多，走三、五十步也得停下來，鼻孔噴出的霧氣短促而急，讓人憐惜。我的心裏一下釋然，被稱作高原王者的犛牛尚且如此，我大可不必為是不是登得太慢而愧疚。

我擔心的情景終於出現了，高原的氣候在午後突變，以風為前奏，伴隨著細細密密的雪，後轉為大雪。雪下得急迫，不擇途徑，劈頭蓋臉地潑撒下來，好似有意在布置一個場景。犛牛每停留一次的時間都更長，不願意再走。迎風佇立，牛的額面、前胸跨和馱東西迎風的一面，雪堆得都起了楞兒。高原的五月飛雪，粘性大，犛牛蹄腳之上的窄窄腿面也沒有遺漏，成了在白砂糖裏滾了一圈兒的冰糖葫蘆。我十分驚奇犛牛的一雙眼睛，能適應完全白雪的環境不會雪盲，任憑雪片零落繽紛。

越過達阪突起的那道山岩，塔吉哈尼從犛牛背上下來，開始牽著犛牛走，犛牛蹄子有滑的時候，她卻走得很穩，這得歸功於達吾提那雙巧手，她腳下那雙純牛皮的靴子走在冰上也不擔心滑。相比我腳下三千元一雙的戶外登山專用設備，塔吉克人在高原生存層面的準確理解與把握，不知道會高明多少倍！

達阪上本就是雪色的世界，大雪使山的遠近高低都變得十分模糊，整個山地環境極不真實地被幻化。犛牛已經沒有力氣表現牠爆裂脾氣的沉吼，喘息短促急迫，也在忍受牠所能承受的極限。跨過最頂端的雪道，馱的東西過多使犛牛的身軀更為誇張了一些，犛牛拖拽著、擠蹭著就撞過去，沒有絲毫顧忌。

就在犛牛通過雪道的一瞬，毛繩被蹭開，東西吊掛在一邊，這是犛牛最容易受驚的情況。果然，這頭犛牛蹬著蹄子跳了起來，背上吊掛的東西成了牠的死敵，牠瘋狂地咆哮、跳動，甩起整個身體旋轉。馱繩脫落纏著蹄腳，這更使生性敏感的犛牛驚恐萬狀，瘋狂地向山下衝去。犛牛的這種狂奔，沒有路的判斷，只是竭盡全力在掙脫恐懼。完全瘋狂的狀態，在遼闊鋪延下去的大片坡面間不斷跌倒、翻滾，站起來再狂奔，蹄子之下雪塵翻滾，直到將背上的所有東西和繩子甩去。我後來沿著喀拉蘇達阪的西側坡地走下來，看到了被犛牛掙斷的毛繩，我曾用這種繩子合股拖過陷在沼澤裏的車，不知道暴怒之下的犛牛會有多大力氣！

哈斯木沒有看到犛牛從山頂滾落的情景，通過雪道後，他把外甥女瑪麗卡罕從媽媽塔吉哈尼的懷裏接過去綁在背上，然後掉頭向山下走去，不時回頭攙一下母親，下山的路會比上山的路更費腳力，他們踩著犛牛在雪地上的蹄子印兒走去。我注意到哈斯木後來看到被犛牛掀翻在大片坡地間的東西，完全沒有選擇路線的可能，我吃驚地看著背著外甥女的哈斯木靈巧如一只黃羊，最後把這些四處散落的東西撿到一塊兒帶下了山。

羊群通過雪道耗費了太長的時間，雪道狹窄，不能同時通過兩隻羊。小羊羔兒最後通過時，我才看到達吾提和兒媳拉里克帶著三個孩子緩緩走過，明顯極為勞累。一家人沒有瞭望風景的興致，拉里克打開行囊，取出一個裝水的瓶子給三個孩子逐一喝水，兒子白給克在咬這瓶嘴兒的同時，把一口饢往媽媽的嘴裏塞，那份親情的維繫，是塔吉克人在高原生生不息最重要的支撐。

達阪兩邊上下的路，都是呈之字形往復，避免直衝直下體力的過度消耗，尤其是下坡路。多少犛牛和馬的腿，都廢在不斷往下竄的重壓之下！馱的東西越多、越重，走的時間越長，這個壓力就更大。十數年後，我已從青年進入壯年，心力不覺得減少，膝蓋已沒有力氣支撐腳下過快地趕。突然對高原上所有的老年人充滿悲憫，在他們啃不動骨頭、看不清路之前，最大的缺憾是喪失了抻開腿能夠走的能力，這才是真正的對生命的剝奪，夢、豪情和力量都失去了意義。

羊群浩蕩，以密集的佇列把雪地曠野間的曲折坡路清晰顯示出來，人跟隨在羊群之後。翻過喀拉蘇達阪，是高原塔吉克人全新一季的開始，緩緩而去的羊群正是拉開季節的那個拉鎖頭。塔什庫爾幹河谷所有那些高大山脈，都在這一天披上了皚皚白雪，達吾提一家人和他們的羊群在山谷間輕輕走過，如一抹墨痕輕挑。這個世界什麼都不曾發生，了無聲跡。仔細聆聽，羊群漸遠的咩聲稀淡，更多的是河水暢流的激響，山下的草甸已進入了最迷人的季節。

禿鷲

沿達阪的西坡逐漸下延，就進入了塔什庫爾幹河谷草色濃郁的六月。隔著需要你翻越三到五天的重重高大山脈，笴萊甫相河谷已是遙遠的記憶。河水喧嘩，聲浪隨風飄蕩，旱獺嘎嘎堅脆的叫聲在描述喀拉蘇牧場不為外人所知的一切。卸下垛子鋪好羊毛氈，聽到最多的消息是有關狼對羊群和犛牛的襲擊，先於達吾提一家到達的人家，已有兩戶人家的小犛牛被狼吃了，吃剩的骨頭架子被丟棄在高原遼闊的曠原之間，引得鴉陣飛舞，聚簇為一團，形成一個龐大的黑色旋風在山谷間飄搖。更深遠的天空，久久盤旋的是禿鷲。

隨著每年的草季開始，旱獺、野兔和岩鼠在地面出露的機會大為增加，牠們是鷹的追逐物。由於個體的過於龐大，沒有更強悍的捕捉能力，禿鷲只關注食物鏈的最下端，動物和牲畜的死屍是牠的食譜。所以，每當有一具屍骨橫陳曠野，無論在什麼地方、有多遠，禿鷲都會從高空俯衝而下，大肆吞咽。只是讓人不明白，遠在數十、數百公里之外，相距兩萬米以上的高空，不知道禿鷲長於視覺、還是更長於嗅覺，牠都會飄搖而至。不過，我依然很吃驚，在高原六月的這個早晨，一條峽谷之間突然會有十幾隻禿鷲匯聚，就在距離三、五百步之外！

第一次有機會在這麼近的距離觀察禿鷲，有烏白、褐色和黑色三種，翅膀和尾翼都帶有漂亮的花紋，最突兀的地方是禿鷲的頭，不知道牠們和火雞是不是表親，兩眼銳利，尖嘴如刃，整個頭部怪誕得出乎意料。在人跡稠密的地方，動物的類型、種群數量成反比。整個牧季，常可看到禿鷲在深遠的空中飛翔，或棲落在峽谷的某一處，撞上人猛然再飛起來，這種情況為我十數年間所少見。不知道這世間，已有什麼事正在發生或正在深刻地改變著我們的一切。

打酥油

高原塔吉克人的牧季，就是付出最多的心力再獲得最多的收穫。天矇矇亮，女人們最先起來生了火，添滿一灶牛糞餅再燒上一鍋水，屋裏隨後響起的就是杵杆打酥油的聲音。不是刻意起得早，看不到兒媳拉里克每天打酥油的情景，那是竭盡悍力，要不了十下就會讓你汗流浹背！一個男人的力量在手上，一個女人的力量在腰上，雙手攥著杵杆舉到最高點再往下力壓到底，頻率越快、用力越猛，腰部擺動、起伏的幅度就越大，要求更好的韌性。如果說塔吉克女人的頭髮是被高原季季不斷的雪漂白的，塔吉克女人的手是被撚毛繩、擠羊奶弄糙的，那麼，塔吉克女人的腰最先累彎，一個原因是生孩子多，另一個原因就是打酥油。一時間鬢髮紛飛，綰住髮的頭巾隨時會鬆開脫落，這時候，就是沒有第二個人看見，她也會停下來把頭巾再繫緊。

牛奶和羊奶在倒進奶桶之前是被煮過的，倒在奶桶裏再經杵杆反覆打，實際上，是讓奶的成分分離，最上層漂起來的是奶油，剩下的就是奶渣，團成團兒晾出去，就是讓整個牧季都會酵香四溢的優酪乳疙瘩。在這之後，打酥油的木桶會被洗乾淨晾在屋外，最好的木桶會在一個家族傳幾代，烏舊的桶面會有照人的幽亮，勒的皮繩因時間的長久顯得油烏而更見韌性。沒見過誰家嫁女兒作陪嫁，這是男人或男人家未來要給一個嫁過來的女人準備的東西，重要性不次於一盤灶坑和灶坑上的那口大鍋。最好的酥油桶用整段齊腰粗的樹段掏出來，常見的是用兩片到三片木頭拼接，這在高大植被稀缺的東部帕米爾高原，實現的難度很大，只能去高原之下的平原找。我注意到另一個著名的高原民族柯爾克孜人找到了更好的解決辦法，他們把黃羊皮完整地褪下來，再紮起四條腿兒，就是最好的酥油桶，體現出對自身資源更透徹地理解。這樣看來，最為臨近的柯爾克孜人和廣大平原的維吾爾人都不用木製的酥油桶，不知道塔吉克人是以什麼作參照，最終選擇了木製的酥油桶？

髮與堅貞

在拉里克打酥油的時候，第二個起來的是她的婆婆塔吉哈尼。不像年輕的女人，不是不小心打掉或被風吹掉，斷然看不到她們不戴頭巾摘掉帽子的情景。塔吉哈尼洗了臉回到灶邊，手上和臉上都是水，站在熊熊的灶火前燎烤，頭頂上一時顧忌不到戴帽子和頭巾，讓我突然看到她從不經太陽的青白頭皮和緊貼著頭皮被壓得沒有一絲起伏的髮辮。十數年間，我從沒有細想過：塔吉克人，何以對他們的頭頂投入那麼大、保持著那麼高警惕性的關注？

塔吉克婦女的帽子，除了一圈圓弧，還有緊壓在腦後髮際線以下的大段帽苫，有明顯的保暖作用，更突出的是一種遮蔽，看看已婚女性的標準頭飾，突然意識到有許多過去我從未注意的隱喻隱含其間。在漂亮的塔吉克帽子再加上一條大圍巾的包裹下，女人的頭髮是看不見的，或者有很少的露出，給人看到的是綴在真髮之下有著馬韁繩質感的假髮辮，這一掩一露很值得玩味。

不可否認，重裹之下，塔吉克女人不可能有通過頭髮所能體現的風情萬種，嚴重減弱了一個女人清晰輪廓所決定的所有美好。但是，這是一種堅守，與男人，與高原……。

多少年來，我更多地看到了帕米爾高原對塔吉克人生存層面的外在影響（環境的極度嚴酷，決定了他們對相互依存保持著一種近於警覺的關注），婚姻方式的構成和兩性角色的確立，是體現環境因素決定性影響的另外兩個重要側面，譬如，對女性頭髮的處置方式。

塔吉克人，對女性角色的規定是維繫一個家庭的必要前提，偏遠、嚴酷的生存環境要求一種相應的、更純粹的信守，以使一個家庭在生存環境的重壓之下不會崩潰。從這個角度看，男人們不會對一個緊裹頭髮的女人有什麼不滿，他們在享受女人對男人的絕對服從和貞守。

另一點，除了身體，頭髮是新疆、中亞和阿拉伯半島各民族所普遍堅守的第二性徵，比對面容保持著更高的警惕性，體現著專屬、默認與服從。有一種極端的說法：只有死了丈夫或家人，塔吉克女人才會摘帽子。實際上，戴帽子或摘帽子，與丈夫和家人的去世並沒有必然的因果聯繫，這裏強調的是堅守，由此形成無法逾越、不可撼動的禁忌。在伊斯蘭教東漸之後，這些禁忌有了更強、更明確的文化意識附加。

高原天闊地廣，除了草已沒有任何高大植被，牛糞、羊糞是唯一的薪柴。一般的用法，大塊兒的牛糞餅壘垛在灶口，碎羊糞倒在灶底，燒起來火苗子飄搖若舞，伴隨著呼啦啦的風聲強勁，整個屋內都彌漫著濃釅的糞的氣息。不知道是特有的儀式，還是僅僅在擦臉，塔吉哈尼站在火前以手撫臉數下，而後繫上頭巾拎著桶出了門。等她在河裏拎了水再次進門，一家人已陸續撩開了被子在穿衣服，小瑪麗卡罕抱著爺爺達吾提的臉，在講她誰也聽不懂的故事。

牧羊天使

每天早晨的第一頓飯，是各家最具家庭氛圍的時候。這時候，一家人聚得最齊，不會有一年四季斷不了的客人上門打攪，灶火溫熱，奶茶釅香，說說遠近的事，一頓飯持續在一個小時之間。透過天窗，陽光拋灑，這是達吾提屋裏一天最透亮的時候。

吃過飯後，男人們盡可享受一段消閒，抽煙聊天，逗逗孩子，女人們收拾完屋裏拎著桶就出了門，圈在圈裏一夜的羊和栓在圈外的犛牛叫聲一片，有對主人的呼喚，更主要的是牠們都在惦記著各自栓在一旁的小羊羔兒、小牛犢，喀拉蘇所有最絢爛的一幕徐徐拉開。

很多年前，牧場擠奶的活兒都由達吾提的老婆塔吉哈尼做，有了兒媳婦之後，一個婆婆的日子已大為輕鬆，忙不過來搭把手，就是什麼都不做也不會被人說。但是，你很少能看見塔吉克的婆婆們真的會撒手放任，心安理得，她們還是會忙不迭，只是強度比很多年前少一些。這時候，兒媳拉里克撩起裙邊往腹前一捲，拎過桶子往地下一按，孩子們揪著羊頭都把待擠的羊往她跟前推，奶汁兒刺進桶裏，比遠處的河水聲兒更大。在一個牧人的心裏，歲月流離，往復更迭，每一天、每一刻都是以這個瞬間為參照逐一劃過……。

在對遊牧生活的所有想像中，牧羊女擠奶無疑是被人想像最多的情景。其實當每天擠奶擠到幾十隻、幾百隻羊的時候，已沒有任何浪漫可言，完全是沒有盡頭的苦役。假定每只羊每次擠奶手指的擼動次數在五十次上下，達吾提家的羊有二百多隻，一個早晨就是一萬多次，一天就是二萬多次，而後還有八頭犛牛，你很難想像那幾根手指的耐力！

高原的孩子們很奢侈，可以享有一份隨羊群飄蕩的生活，動物成為他們的玩伴兒，這種交流使他們的天性始終保持著自然生靈所有的直接、敏感和歡喜，所以，每每我抱著這些高原的孩子們或跟

這，我想，孩子。你才能看到最純粹的孩子。我想，這與他們每天和動物的接觸不無關係。在人的童年，你給他動物的眼睛去看這個世界，感知細微，在與牠們的相處中感受體恤和愛，才有可能獲得一顆純粹的心。

照達吾提的計畫，他的兩個兒子馬木提和哈斯木在農區和牧場每年輪換作業，各守一年。這一年，在牧場的是哈斯木，這個安排使馬木提的兒子對每只羊的熟悉程度遠不及他的弟弟白給克，有時候還要費勁兒辨認那只羊擠過奶了，那只羊還沒擠奶。白給克和妹妹嬌吾朗跟媽媽一樣，知道每只羊的小名兒，而且，每個人都有屬於各自名下偏愛的羊，被別人抓去了就不高興，這常是兄妹倆兒鬧口角的原因。最後讓媽媽公斷，她通常的做法會揪住打兩下罵他不知道照顧妹妹，白給克哭著跑開，揪住歸嬌吾朗名下的羊一頓老拳，發洩他心裏的不滿，嬌吾朗在一邊破涕為笑，像一隻蝴蝶在羊圈裏翩然跑去，又給媽媽抓羊去了。

白給克這孩子太可愛了，經常會枕著我的腿跟我說話，有一次我問他，將來想不想開著車出去滿世界跑著玩兒，他說哪兒都沒他們家的喀拉蘇好，長大了他的目標就是放羊，像他的爸爸哈斯木一樣。是啊，現在的孩子們，在想像中已把天下所有最美妙的事和最美妙的角色做完了，誰還會戀著放羊的樂趣、戀著在高原上高天闊地之間那種大開闔的心境呢？而爸爸哈斯木就是天下第一號頂天立地的英雄！每天看著白給克在羊群裏抓羊真是極頂的享受，這個渾小子，我戲稱他抓羊的本事有四十八種不同的方式，他可以揪著羊走、推著羊走，橫臥在兩隻並排的羊身上走，或兩臂搭在羊背上後仰著讓羊拖著他走，最極端的做法是把羊當馬、當犛牛騎，這也是他常挨揍的原因之一。總之，羊在他的手裏不被折磨是不可能的。最動人的，是給每只小羊解開扣兒放牠們去大羊那兒吃奶，白給克抱著小羊會逐一親一口，知道疼。

也就不奇怪這些小羊會趴在人的懷裏和你啃一塊兒饢，或者湊到碗前要你的奶茶喝，羊兒不知道牠們和人有什麼不同。碰到這種情況，我會把饢掰碎餵給旁邊的幾隻羊，不會攆牠們走。我擔心若做得粗魯，會打破這裏人和動物交往的方式，重新確定彼此不可逾越的界限，那未必是好事啊！

擠完兩桶羊奶，羊圈的柵門也就不必緊閉了，拉開任由羊兒出入。這是為小羊哺乳的時候，在一片羊咩聲中，明顯能感到牠們的激動。擠犛牛奶的難度要大一些，所有的人都走開，只有拉里克一個人牽過牛輕輕拴住兩條前腿，然後解開拴小犛牛的繩套兒讓小犛牛先拱幾下，這時候就有趣兒了，小犛牛放開去大犛牛那兒容易，再從大犛牛肚子底下讓牠們把含在嘴裏的乳頭丟開就難了，小東西和人兜著圈兒轉，你從這邊兒逮牠，牠從那邊再鑽進去，來回得抓好幾回，最後被拉里克攥住頭再拎著尾巴拖到一邊用繩套再繫上，這才能安生擠奶。每到這個時候，我注意到拉里克總會給犛牛說很多話，比哄孩子費神。最多的時候是唱歌，是接近搖籃邊的那種曲調，是慰籍，是交流，也有絲絲的歉意。這時候若被驚嚇，犛牛會蹦起來掙開繩索、踢翻奶桶，甚至會攆著人頂。犛牛和人的關係，表現了人與動物交往歷史的另一面，各自小心守著自己的邊界，相互接納、允許，稍有不慎就會表現出各自的本性，發生衝突。

當拉里克拎著奶桶走回屋去，接下來，她會把剛擠的奶子倒在大鍋裏煮。這時候，各家的羊和犛牛都開始離圈遠去，峽谷間高低起伏的吆喝聲一片，這是喀拉蘇牧場每天都會徐徐張開的出牧圖。達吾提這一天出來的稍晚，穿著一件與晴朗天氣顯然不相符的長風衣，最搞笑的是他手裏的一副墨鏡，兩個鏡腿兒都沒了，不得不拴兩根鐵絲替代掛在耳朵上，這才吆著羊群向屋後的山坡走去。孩子們不放大羊，幾十隻這一季剛出生的小羊歸他們管，蹦跳著吆出去撒在距屋不遠的草地間，這是小羊羔兒剛開始學著吃草的時候。小犛牛精靈得多，敢攆著狗跑，一直追到不遠處的坡地上掉回頭再跑，表現出一個小生命對這個世界剛開始感受的一切：欣喜、歡悅、清風輕靈，蘊含著河水的氣息潮潤……。

在小犛牛的蹄子下，可以看到有雪青、潔白和淺粉色的星點碎花兒在草地間閃耀，每點耳鑽大小的花瓣兒，都帶著昨夜還沒褪去的露水，隨風搖曳，你會被深深感動，因為那麼廣大無邊的高原在用如此的精緻細微抒情。

達吾提吆著羊群遠去，漸漸消失在高原坡地你能看到的邊際背後，實際上，是在往更高的山地走。哈斯木把犛牛吆到一塊兒往另一條偏東向的山谷走去，據說，這條路遠比他父親達吾提放羊的地方遠，會翻過這個季節垛在山頂的高大雪蓋，一直走向東部帕米爾山地重山糾葛的核心地帶，喀拉蘇牧場的犛牛大多集中在那兒。

很多年已不存在的狼災重在高原氾濫，原來近於完全野放的犛牛也開始讓人擔心了。其實，犛牛圍在一起並不怕狼，擔心的是牠們走散，狼群有可能襲擊一頭正值壯年的犛牛，這讓哈斯木不得不每天來看看他家的幾十頭犛牛，下午再把小犛牛吆回來。一時還很難說得清狼災重現的原因，八成與狼的食物鏈是否完整有關，如果沒有黃羊、野兔或其他動物作為食物，狼就會襲擊畜群。那些黃羊哪兒去了呢？這些高原動物的活動區域常在數百平方公里以上，如此幅員遼闊的地域出現了問題，將覆蓋整個高原。

血脈

男人們走後，女人們會稍有清閒，達吾提的老婆和她的兒媳趟過門前的喀拉蘇河去串門兒，這是塔吉克人每到一地的慣例。只不過，男人們一到當地首先會往各家看望，女人們得擱下手裏的活兒才會出來走動。

站在喀拉蘇峽谷放眼望去，峽谷兩邊展開的溝谷不在十數條之下，每條溝谷間都有一條水脈形成，最後流入峽谷之間的主幹喀拉蘇河，在數十公里外，又注入塔什庫爾幹河。由勒斯卡木村各個居民點遷駐的七家牧戶，零散分布在延伸近十公里的河谷兩邊，河谷的下半段為塔什庫爾幹縣麻紮種羊場的十幾家牧戶所居。

很顯然，成建制的牧業單位早已是久遠的歷史了，但是，專以飼養的傳統依舊決定了峽谷兩端的不同。我注意到種羊場各家牧戶的畜群有驢，使用拖拉機的概率也很高，顯然最大可能地吸收了平原居民種種更先進的生活方式。最明顯的不同，是他們有大量的耳朵帶著鐵製標記的黃牛和羊，有著完整品系的記錄與傳承。從達吾提家的門口走到種羊場的第一戶放牧人家，海拔下降不過幾百米，凸顯出完全不同的經營意識和方式，這意味著什麼呢？

想想達吾提的幾十頭犛牛，都是當地地道的土著品種，血脈久遠，直接承襲著帕米爾高原凜冽風雪的的稟性，甚至沒有一次雜交的意外。從這個意義上說，這個標本的帕米爾系統甚至沒有跨過喀拉蘇峽谷的一半就面臨著巨大挑戰，沒有品系和性價比的優勢，看不出有任何延續下去的必要，這不僅讓人悲哀：作為標本的牧人，達吾提和他家的畜群，已是帕米爾高原最後的經典。

奶子泡饢

在低地平原，人常會看著遠處的天際雲壘飄搖不可思議，而喀拉蘇已在雲壘飄搖的天際之間。峽谷的海拔高度在四千三百米，稍有陰晴變化，拽著一片雲絮擦擦臉不是一件奇事，每天出圈的羊群踩著雲飄去，匆匆走過，臉頰與濕漉漉雲氣微粒在摩擦，退去幾公里，你就能看到高原塔吉克人在雲間的妙曼狀態了。

迷濛之間，遠近的羊群開始歸圈，雪塵迷離，只聽得到遠近的吆喝聲和畜們的叫聲起伏。突然意

識到，達吾提早上出門穿得那麼誇張，原是早有預見。高原雨雪無常，就是在大太陽之下，直射的陽光也會很硬，有更多、更強的紫外線照射，陽光下的風也帶著寒氣，每個人會常年披著冬衣也就不奇怪了。

進了屋褪去風衣，達吾提脫了鞋放在灶前烤，被烘烤的潮氣比燒一壺奶茶的熱氣沖，那是他在雪地裏所有經歷的描述。兒媳婦拉里克給公公攤開餐布擺上饢，而後遞上熱騰騰的一個大碗，達吾提端起碗一口喝下去，熱流湧動，他的腸管裏和全身，都會在瞬間被暖和過來。起初，我沒太注意碗裏是清茶還是奶茶，後來才看見是漿白的奶子。待客從不吝嗇的塔吉克人，不會拒絕給客人殺羊，卻很少會給你一碗奶子，為什麼呢？

相對於青稞、麥子和畜毛，奶子是高原所

有物產的最極致，而男人，則是諸種生存因素和一個家諸多人脈關係的極致，執掌牛耳，位於最重要的地位被格外重視。所以，每當有大的付出，家人總會用最極致的方式來對待，譬如，喝牛奶。同樣的情況下，女人卻很少給自己這樣的待遇。

這天晚上，孩子們也沾了爺爺的光，每人端了一碗奶子泡饢。

喝過一碗奶子，還不是一家正式的晚餐，在整個牧季，這頓飯通常會吃得晚一些。稍作休整，女人們會忙或著擠這一天的第二遍奶。通常，早上擠奶，擠完一隻羊拉開柵門可以放出去一隻。到了晚上，整個程式正好倒過來，擠完一隻拉開柵門正好往圈裏放回一隻羊，避免同一只羊被擠兩遍的可能。

雪仍在簌簌地落，地下是雪和畜糞融合的泥濘一片。孩子們依舊跳躍著，他們的天堂就是和父母、和家裏的羊在一起，這一天大晴、還是大雪，都不會有任何妨礙。

雪地野花

這一天，哈斯木回來得特別晚，渾身的衣服濕透。當他從油燈前一晃而過，我還是一眼就看見了他身上和帽子上鮮亮閃光的東西，那是他插的花兒，上衣左側的口袋一排，帽子右側邊沿又插了一排，屋裏濃釅的氣息突然暫停，露出一個清風拂面的間隙，讓你神遊遙遠，又在眼前。

在喀拉蘇的家，即使太陽擱在頭頂曝曬一天，晚上屋裏不生火，鑽進被窩兒一下還是伸不開腳，我擔心屋裏一兩米之下會不會是高原終年不化的永凍層？填上一灶牛糞火一烘，光著膀子鑽被窩一覺睡到大天亮，出了門讓人大覺意外，大雪一夜未停，一腳踏下去能埋到小腿肚子。

能看到野花兒燦爛的季節，一場鋪天蓋地的大雪，著實讓人極覺得意外。不過，有這種感覺，說明我尚是一個來自山地之下遙遠平原的「外人」，身心還未能與高原完全相容。在海拔三千五百米以上，只要有水汽凝結，所表現的唯一形態就是下雪，無論寒暑。

我開始發愁，若這場雪持續不斷，若落地的雪幾天不化，草被壓在雪層之下，吃不到東西的犛牛和羊就會被餓死、凍死，就像一九九七年我曾經歷的那次一樣，在與喀拉蘇相距一天路外的烏魯克蘇峽谷，萊提甫老爹一家二十多頭犛牛全部在雪地斃命。

雪後，達吾提和兒子哈斯木攥著鍬和掃帚登上屋頂，爺倆兒這個早晨的第一件事，就是清掃屋頂的雪。喀拉蘇牧場的房子，都是每戶牧季臨時的家，只墊了一層草皮子的屋頂撐不住太厚的雪，清掃不及，太陽出來一曬就得漏。

其實，沒等爺倆兒把屋頂的雪掃完，天已放晴。達吾提家的羊圈就在屋後，地面是多年沉積的羊糞，消融的雪滲入糞層產生發酵作用，有足夠的熱度，使得地面一片煙氣蒸騰，最後和山頭纏繞的雲融為一體。陽光照射，我驚奇地看到一片煙靄之中竟有一道五彩的虹，擠奶的女人和孩子們，掃屋頂的達吾提父子，都在這五彩的虹橋之下，疑是幻境。

到達喀拉蘇牧場之後，最大的遺憾是我沒去過峽谷兩邊的山頂草甸。看著各家的男人吆著羊群走去，最後消失在遠遠的山脊線之後，無限嚮往。當達吾提吆著羊慢慢往山坡上爬，我隨步同行，這是我第一次跟著達吾提去喀拉蘇的山頂上。

如果一個人一生只有一次面對帕米爾高原的機會，我勸你不能選擇晴透或陰透的天氣，一定要選擇一場大雪之後緊接著天空大晴，高原的瞬間變化會讓你的眼睛眨動一下都會是損失。昨夜的雪一時還沒有消盡，一坨一坨蒲葉狀的雪附著在綠茵茵的青草上，草葉上能看到半是露珠半是雪的晶亮顆粒。陽光燦爛，整個山地的受熱不同，陰坡的雪消化得慢，迎風面的雪已消釋大半，露出一半的土質和草面，整個坡地呈現一派山水畫境。仰頭往最高處看，與山脊線成垂直方向，濃濃的雲氣如無數透明的長帛飄動，天際繚亂，這時候，你會覺到自己正在走一條長長的台階，盡頭就是天堂。

跟隨著羊群，羊嗅著草尖兒的露珠走，這種與人相處最近、最早被馴養的牲靈垂直分布在新疆海拔五千五百米以下，到負海拔一百五十米之上的廣大地區。想一想，帕米爾盤羊、岩羊、青羊和黃羊，都是馴養羊的近親，我只有自卑的份兒了。常年在高原行走，不至於胸腔和腦袋有爆裂的痛，腳下卻依然沉重。有雪堆積的路滑，挑草密的地方走，挑草間的濕地走，實際上，就是腳力乏，我看達吾提和他家的羊什麼路都能走，表現出明顯的體力差異。裹在身上的羽絨服穿不住了，拉鏈拉到底，解開繫在腰間，最後脫下來扔在路邊等返程再撿，遠沒有達吾提抽口煙、看看景的從容。

我們走的是喀拉蘇峽谷的南坡，整個坡地基本分三級遞增。到了第三級地，已沒有前兩級逐級拔升的坡度，眼前是一片起伏不大的高地草甸，這就是達吾提和他家的羊群每天都會來到這裏的原因。羊群行進的速度明顯緩慢，個個兒埋頭在草被之間仔細摘撿。

不站在這個高度，不知道帕米爾高原牧場的整體面目是如此華麗！遠近的山巒縱橫，除了皚皚白雪，冰川之下的山體在這個季節都被草色覆蓋。遼闊展開的視野，以大片的天色和草色為主，淺淺淡淡地勾出兩條線，粗一些的是壘垛在重山之上的雪蓋，更細微、更清淡的是縱橫的河脈，其間幾囪炊煙升起，那是塔吉克人零星分布的牧居點。屬於牧民每一家的草甸，多在每一片坡地或每一座山的頂端，彼此間以巨大的溝壑相隔。這裡每一片草甸都有臨空拔立的絕致，高山和大片的天成為背景，周邊有雲絮蒸騰，羊群散淡如花，每天醉的應該是太陽：

在清晨，迫不及待地躍出重重山脊；

在正午，接近睜大眼睛，除了濃雲密布；

在夜前，遲遲不願歸去……。

出行

在喀拉蘇峽谷，持續幾天的好天氣是一種奢侈，苫著幾垛牛糞餅的塑膠布被掀開，以讓牛糞曬乾曬透，就是雪能埋掉大半個屋，有能敲得杠杠響的牛糞餅，就不會讓一家的主婦為難。家門外小山坡上有幾根棍綁起來的木架子，上邊攤曬了一層被切成方墩子的奶渣兒，曬乾了就是優酪乳疙瘩。頭上繫了一條豔藍色方巾，拉里克一下有了一種珍稀蝴蝶的美豔，從屋裏屋外翩躚往復，被子、褥子和家裏每一條鋪在地上的氈子都被她拽出來攤曬在屋外的一片草地上燦爛如花，孩子們和隨時來的周邊鄰居，過來都會坐下來仰身一躺，地下墊的是暖熱的氈子，頭頂是高原夏季的陽光瀑布。

二妹夫米納瓦爾與達吾提隔河住，這天早早過來和我坐在攤在地上的氈子上閒扯，等到下巴刮得淨亮的達吾提走出家門，我才搞清楚米納瓦爾是在等他的大舅哥。兩人約定這一天一塊兒翻過喀拉蘇達阪，達吾提擔心連日的大雪消融，會把他喀拉蘇峽谷那一邊的菜園子沖了，米納瓦爾是要借大舅哥的幾頭壯犛牛去河谷的那一邊拉木頭，這一年和弟弟剛分家，他急於蓋一幢房子搬出來。

米納瓦爾起身和大舅哥相互道安，兩人抱起被子拽過犛牛開始備鞍子，一家人湊過去幫忙拽韁繩遞東西。看著滿臉溜光的達吾提，我不覺心底被撥動。峽谷的另一邊常年沒有幾個人過往，這個時候，各家的農區、牧場都在忙，碰到人的可能性更小，達吾提依然為這次出行做了精心的準備。

高原塔吉克人，世代被封閉在名不見經傳的無數溝谷之間，與外界溝通，是他們內心最強烈的願望，在出行的這一天，達吾提仔細刮淨了臉頰，明知道沒有見到人的可能，卻保持著最美妙的期待，這就是帕米爾高原的心結：半是無望，半是衷願；明知道無奈，依然期待！

高原成人禮

達吾提給妹夫米納瓦爾準備了五頭家裏最壯的犛牛，我注意到他牽走的都是剛剪過毛的犛牛。向著雪峰走去，扛著風呼呼往前拱，哈斯木提抄起剪刀又開始給別的犛牛剪毛。這些犛牛悍力難馴，我很吃驚，沒有五花大綁，用繩在兩條前腿上繫個扣兒，哈斯木就可以從容揮動剪子！一片一片的牛毛被剪掉，哈斯木不時用手摳兩下、拍兩下，嘴裏是各種哄的語氣，間或也有稍重的呵斥，這是與動物們在交流……多少年間，我數次看過達吾提一輩的男人，每年都會給在這一年長成的犛牛和駱駝穿鼻孔，這是高原最充滿血腥的場景。犛牛和駱駝是高原體型最大的兩種動物，承負力都在人的數倍、十數倍之上，加上毛皮、奶汁和肉食的價值，這是人與牠們發生聯繫最重要的原因。但是，在拴鼻孔之前和之後，是截然不同的兩種記述方式：

前者更接近野性，延續著這些高原大畜原有的歷史和記憶；
後一段以穿鼻孔這個細節為軸向轉折，畜們開始進入被役使的狀態。

實際上，這個血腥的一幕是人類在高原生存最重要的一個歷史節點。

給犛牛和駱駝穿鼻空簡單到粗陋，就是把一截兒指長的紅柳棍兩頭削尖，然後將犛牛和駱駝捆住，至少得三個男人抱住或按住頭，用兩頭削尖的紅柳棍抵著犛牛或駱駝鼻孔間的橫隔骨在瞬間硬穿過去，一時鼻孔鮮血如注，一撒開，犛牛和駱駝就會跳起來在曠野間狂奔、暴跳，數日哀鳴不絕。不可抑制的憤怒熬到最後，只有悲憫。

這時候，人和畜的關係已發生了最戲劇性的變化，只要抓住拴鼻孔的繩兒，再蠻橫無忌的犛牛或駱駝也會在瞬間被按倒、被拽住，韁繩抖動，牽動的是高原所有動物被人馴化的歷史。人以強力確立了自身的位置，形成一種默契，前提是動物已喪失了所有與人類對峙、與人類「並」存的可能，從此，人類的生存，從食物補給到長途遷徙，都有了一種最重要的保證。

直到今天，人類對動物的征服仍在重複，這常是高原男人成人的必要儀式。這些年，我已多次看到幾年前如白給克一樣的孩子，轉眼長成一條漢子，面對一頭悍力十足的犛牛，左閃右晃不用幾下，抻出手就能摳住犛牛的鼻子將之按在地上，關節是快和準，犛牛的鼻孔噴出憤怒的沉吼，眼睛快蹦出了眼眶，蹄子亂蹬騰起煙塵一片，都無濟於事。實際上，在此之前，這些孩子們都必須經過的一個過程，就是徒手一人給犛牛和駱駝穿鼻孔，血性賁張，這比後來娶一個女人都更為驚心動魄！再過若許年，也就有了如今哈斯木的心境，已沒有任何誇張的必要，一個家，一群犛牛和羊，還有整幢高原，一一都在胸中。

高原另一個血腥場景也會在畜群到達牧場之後不久發生。這一年的小羊羔兒吃著高原坡地上的嫩草竄得很快，小公羊尋釁好鬥，昂起頭蜷著兩隻前蹄子跳起來向別的小羊身上砸。最誇張的行為，是牠們已開始把兩條前腿搭在另一隻羊的背上重複交配動作，不管牠的物件是公是母。接下來，要不了兩天的功夫，各家就會把這些小公羊圈在圈裏逐一騸去睾丸，一群羊裏，僥倖留下來做種羊的小羊不會超過幾隻，絕大部分的小公羊都會被騸去。騸小羊的過程要不了兩分鐘，一個人抱著小羊攥緊蹄腳，另一個人用磨快的刀連劃帶擠，一兩下就能把羊的兩隻睾丸摘了下來。小羊的叫聲細而稚弱，聽不出痛和心情，腹下被抹把草木灰，就被放了，一生由此決定。幾個小時過去，小羊被摘下來的睾丸裝了滿滿兩盆，一半兒是剛剝的羊皮裏邊的那種青白色，另一半兒血跐模糊，不知道這些東西後來會被煮了吃，還是餵狗。

沒有對犛牛和駱駝鼻孔的強力穿透，帕米爾高原的塔吉克人就會缺少最重要的皮毛來源和相當數量的肉食補充，高原一切空間的轉換也將無法完成。同樣的道理，騸羊是對羊群人為的選擇，使畜群的性別分布、與草場的對應關係都更趨合理。反之，任由發展，種群的品質和數量都將失控，同樣的成本投入未必會有同樣的利益回報，十分脆弱的高原生態不允許毫無節制的鋪張。相比之下，騸去小公羊的性器官，取消牠未來生殖繁育的可能，就是一個成本最低、利益風險最小的選擇。兩者的共同點，是都經血腥手段以確立人的位置並維繫人的生存。

疾病的宿命

帕米爾高原的獨特地緣，被雪峰、山脈和縱橫河谷所分切，給人的生存空間，也許不足十分之一，甚至更少。這迫使人追求墾殖擴張成為自然，另一個突出事件就是大量砍伐紅柳和沙棘作薪柴，兩種行為與人對待動物的動機如出一轍。數年前，位於塔什庫爾幹河谷東北方向的大同鄉，以其每年春季滿山遍野盛開的杏花被稱作「世外桃源」，一場洪水將整個鄉洗劫一空，這促使塔什庫爾幹縣有史以來，第一次大規模的往高原之下搬遷。究其原因，一半天意，一半人為，人的生存本身成了高原最不能承受的重負。

如今，在整個帕米爾高原的東部邊緣，都在風傳一個龐大的移民計畫，預計勒斯卡木村每年都會有三到五戶人家被遷出，最終將勒斯卡木村全部遷往別處。人們都在紛紛猜測，不知道第一戶被牽出的人家會是誰。僅僅是「風傳」，已使無數人感到了無可言狀的痛苦，背井離鄉，離開世世代代的祖居之地……一談到這個話題，碰到的鄉鄰無不一時語塞，面目生硬，大有「搬遷不如一死」的神情，這成了勒斯卡木人的痛！

以人種和居住環境的選擇為判斷，勒斯卡木村為典型的色勒庫（高山）塔吉克的世居地之一，一旦搬遷，塔吉克人高原生活形態最典型、表現最為充分的一部分內容將丟失。

這一天還會有多遠呢？

達吾提和他的妹夫米納瓦爾在第二天的傍午又回到喀拉蘇牧場，馱運的木頭卸在河對岸已有一圈牆圈的新屋旁。晚飯的時候一家人聚在一塊兒，達吾提說他碰到烏魯克（杏子溝）村女婿一家人從更北邊的蓋夾克達阪剛下來，才知道女兒祖來好已病重住院，達吾提的老婆塔吉哈尼聽到這個消息就哭了，小瑪麗卡罕不知道媽媽住院的事意謂著什麼，用她的小手去給外婆擦眼淚，這讓塔吉哈尼更為傷心，達吾提不說話，明顯已看到他的眼圈兒發紅。

從烏魯克翻越蓋夾克達阪去縣城，至少是四天的路程，騎馬、騎駱駝或者捆個擔架抬，送一個病人，不是面臨絕境，勒斯卡木的人大都不會這麼艱難地走。這時候，你本能地就能明白，塔吉克人何以會對彼此相互的依存關係投入最大的關注，必盡全身心的努力予以呵護。在高原上，一條延續不斷的脈絡，使每一個人每行進一步，都會得到最無微不至的關心和愛護。

在他們的生存意識中，過去沒有醫院，現在知道有了醫院，但因相距過於遙遠，依然沒有醫治的概念，沒有把醫院的存在作為必要因素考慮，依舊是無助、無奈的心態，只能擔待、接受，甚至僅希望通過每天的虔誠祺誦帶來轉機。在這種意識中，每次遇病，不管病大病小，不管家人還是親戚，他們所受到的恐慌和震撼都一樣，常會以最壞的結果臆想，心理無比痛苦！

與上述情況相似，對待人生暮年，對待一次暫別遠去，對待生育，塔吉克人的判斷依然虛無，不會想到有任何預知，或依據預知進行某種干預的可能。生活在帕米爾高原數千年、甚至更久遠的歷史，歷經祆教、佛教、伊斯蘭教多種文化的洗禮，直到今天，有關太陽崇拜的遺存在生活中比比皆是。過去我從沒有意識到，塔吉克人完全的放任與虛無，正是他們至今保持諸多原始崇拜意識、心理和行為最重要的心理背景。在久遠的從前，帕米爾高原的一切對人類都是過於龐大的存在，無知，無把握，正是那時候人們精神世界最主要的特徵，由此形成宿命。

在接下來的幾天，祖來好住院的事成了達吾提一家心頭揮之不去的重負，非常不幸，拉里克也在這個時候極感自己的胸部疼痛，摸去有發硬的腫塊兒，我看到她幾次在抹眼淚。塔吉克的晚輩女人，只要父母公婆在，絕不會有自己提出什麼想法的時候，做老人的不能不想，達吾提這些日子突然變得極為脆弱，幾句話說不完就會抹淚。當你更多地用眼淚表達感情的時候，一種情況是苦難深重，就像達吾提此時的處境，一家同時要面對兩位病人；另一種情況，就是人已開始進入老年。在高原上，與我同齡的達吾提確已開始進入老年狀態了，高原生活的重負和每一種情況下都必須努力爭取的狀態，都遠在同齡的我之上。

以我在城裏的經驗，一個病人住院，一個星期耗你幾千一萬的錢比喝涼水容易。遠距大都市的塔什庫爾幹醫院，面對的多是掏不出太多錢的普通塔吉克鄉民，雖有國家每年的補貼，這決定了他們不會用過於昂貴的藥和做過於複雜的手術，花錢的速度會比大城市少三分之一到一半兒以上。病更重的情況下，逐級往更大的醫院轉。到了這一步，那些騎著馬和犛牛的塔吉克人，多會選擇再騎著馬和犛牛回去，剩下的日子苦不堪言。達吾提做了最壞的打算，決定帶著兒媳去縣城醫院給家裏的兩個病人同時看病，如若不行，再轉往更大的醫院。我和幾位朋友給達吾提出主意，轉院就直接轉往烏魯木齊的醫院，雖然路途遙遠，由我們住在烏魯木齊的人照應，會比喀什葛爾的地區醫院更方便一些。言談間，兄弟們已開始翻通訊本找各自熟悉的醫院和醫生。看著屋外前後的羊和犛牛，達吾提不免無限悲涼，這一年剛出生的羊和犛牛也許會盡數散去，都得經賣出去給家人看病。

達吾提帶著兒媳走的這一天，早晨開始下著不是很大的雪。臨出門，他換了出遠門的衣服，白給克給爺爺端了一盆水洗腳換鞋，伸出手往爺爺腳面上撩水、搓腳，達吾提攬過孫子的頭親了一下。

在達吾提和拉里克走後不久，雪下得更大、更疾，數百步外的路已看不清，喀拉蘇峽谷逐漸開放的龐大峽口已被濃稠的雲和雪所擁塞，真不知道父女倆兒頂著大雪走去會有多難，一路會摔多少個跟頭。他們將穿越整個喀拉蘇峽谷，跨過塔什庫爾幹河之後，才能到達能第一個有車輛過往的地方，這段路大約是三十五公里。

親族關係

達吾提的家，以四千三百米的海拔高度位於喀拉蘇峽谷的最頂端，走到他家屋後，就再也沒有人家了。由達吾提家逐漸下延，零散分布的另外幾戶人家都與他家有親戚關係，以河對岸的兩家最近，一家是妹妹奴瑞克和妹夫米納瓦爾，另一家是三妹娜奴赤女兒公婆的姐夫家，其餘四家都是父系或母系外延的親戚。在這幾組親戚關係中，以妹妹和妹夫的關係最為特殊，因為妹妹拉里克是哈斯木的媳婦，這樣以來，達吾提是妹夫米納瓦爾的大舅哥，米納瓦爾又是妹夫哈斯木的大舅哥，這之間，因為拉里克這個環節的變化，使得原本兩輩人的關係發生了錯置和重疊。在最複雜的關係中，塔吉克人還有三輩人的錯置與重疊，譬如，二兒子祖木來提的兒子買熱買提江，他的媳婦和舅爺爺的媳婦是兩姐妹，而舅爺爺的長子又是買熱買提江大伯達吾提未來的小女婿，這樣一個龐大複雜的網系，基點是血脈，外延是親緣。我不得不重新思考對帕米爾高原塔吉克人的認識。

我曾見過一位原來住在勒斯卡木，後來遷往麻紮種羊場的一位阿訇，每年轉場，他依然會吆著他家的畜群來到喀拉蘇峽谷，與勒斯卡木的幾家老相識比鄰而居。非常有趣兒，他對勒斯卡木關心的事，遠比對他麻紮種羊場的事關心的多。他說勒斯卡木好，人好，對人親。實際上，這中間最微妙的原因，就在於他們各家本身就有扯不斷關係的親戚，如同米納瓦爾和哈斯木，一個是姑父兼大舅哥，一個是侄子兼妹夫。在達吾提和兒媳拉里克走後，米納瓦爾每天都會過河幫哈斯木剪羊毛，同時，他也在等待。達吾提是勒斯卡木村不多的幾個以手巧著稱的能人之一，加上又是家族中的大哥，米納瓦爾在等著他回來給自個兒的新屋上房樑。

達吾提走後，家裏吆羊放犛牛的事都由哈斯木和幾個孩子承擔，他的母親負責每天兩次擠奶的事。羊吆出去就會交給孩子們照料，哈斯木匆匆下山回到羊圈旁，他這個時候最緊要的事是剪羊毛。有姑父兼大舅哥的米納瓦爾不時過來搭把手，在每天羊群歸圈之前，差不多能把二十幾隻羊的毛都收拾了，還不誤喝茶吃饢。

同所有的塔吉克人一樣，達吾提一家人對羊奶、犛牛奶和羊毛、犛牛毛格外精心，有做一件乃孜兒（祈禱儀式）的仔細和投入。相對於地裏種的麥子和青稞，精心程度會稍遜一些。這個細節，足以說明塔吉克人擁有更為久遠的遊牧傳統，農業的作用卻沒有這麼重，接受農業的概念也許會更晚一些。

在第四天的午後，全家人都沒注意，達吾提和拉里克已回到卡拉蘇牧場。在看到拉里克的一瞬，雖不知詳情，全家人的心裏已完全放鬆，她老遠就和遠近的人打招呼，話裏話外都是掩抑不住的喜悅。達吾提給孩子們買了糖，沒到家門口，已從口袋裏掏出來給孩子們分。最見心意的，是達吾提給他心疼的小外孫女瑪麗卡罕買了一雙純白色的小皮靴，雖明顯能看出是合成皮的質料，對於也許終生都不會有任何出山機會的塔吉克人，都是常日領略不到的奢侈。小瑪麗卡罕立即穿在腳上，然後跑到每一個人面前抬起腳來給人看。

去了一趟縣醫院，女兒祖來好是一般的婦科炎症，只是拖得太久終致成疾，在一瞬間引起劇痛難耐；拉里克的胸部腫塊兒為良性，遠沒有事前懷疑的乳腺癌那麼重。一屋子的女人，一瞬間少有會顧忌不到家裏有別的客人，一句話沒說完同時會有另外兩個人插話再問別的事。她們不知道，在自然與社群的諸種因素中，女性生理常是承付最重、最脆弱並起到決定性支撐作用的最後一道防線，恰恰最容易被忽略，在最惡劣的環境中得不到本該有的呵護。沒有誰會細細講述，向人說明，高原的殘酷環境不容許任何過於矯情的表達，另一個原因是難以啟齒，高原塔吉克女性的生理疾病差不多與高原每季都下雪一樣正常。非常遺憾，我沒有對塔吉克女性更深入的瞭解，不知道是不是存在一種她們人人都會避而不談的性禁忌意識和文化。

擀氈子

帕米爾高原的天氣，在度過強烈陽光與雪山冰冷氣息尖銳對峙的夏季動盪期之後，開始進入日照時間遞減、冷空氣與地面濕氣逐漸融合的時期，氣候相對穩定，陰晴輪轉極有規律。喀拉蘇峽谷兩邊的坡地，草的底部已開始有發黃的草葉。我初以為是前一季的枯草，仔細一看，草葉完整，不禁讓人心頭一沉：帕米爾高原草色蔥籠的夏季堪稱一場黃金夢幻美奐美侖，任你找著看不夠，沒有十足的三個月已到了夢醒時分。在牧季結束前，達吾提一家做的最大的一件事，就是擀氈子，一次要擀兩塊兒，這些氈子將在秋後帶往穹托闊依。

在塔吉克人的高原牧場，驚動很多人的大事沒幾件，擀氈子就是其中一件。事先要攤曬羊毛、犛牛毛，擀氈這一天會燒一鍋接一鍋的滾燙熱水。周邊的鄰居陸續前來幫忙，以女人居多，把曬好的畜毛攤散在芨芨草棍紮的一片席簾上，幾位婦女輪流掄起紅柳條子抽，讓畜毛蓬鬆暄軟，然後將席簾卷緊，用熱水澆透，再用繩子一捆四面拉動繩子來回滾壓。畜毛原有的油性被熱水一燙揮散開就是很好的粘合劑，再經四面拉著繩子反覆碾壓，一條氈子擀出來，會比做一頓飯所耗的時間長。

在喀拉蘇牧場所有的勞作中，擀氈子是一個極浪漫的場景。婦女們掄起紅柳條子抽打畜毛的時候，紅柳條抽動，帶著嗖嗖的風聲，在芨芨草的簾面上，有擂鼓的效果。再加上人胳膊的揮動、身體的晃動，和面部隨著身體晃動所有的表情，這一切都構成有序的節奏。當席簾被捲成一團用繩子一紮，四面站的人分作兩邊，你拽一下，我送一下，再拽過來，你那邊再送一下，一來一往張弛有序，一個氈筒在中間滾動……這時候應該有歌，不唱就是彼此說說話，不時也會激起笑聲陣陣。

塔吉克人的標本「社交」活動，除了婚禮，就是葬禮。擀氈子，是男人、女人有可能接觸的絕好機會。等到繩子解開，男女摟起衣袖，並排以小臂面滾動氈筒，收一下收及膝前，推出去整個身體做匍匐狀，這是小叔子姑嫂鬧笑的時候，一條氈子擀多長時間都有說不完的話，都有笑不完的理由。氈子最後全部展開已是一塊兒方正的氈子，再疊起來放在水邊澆水，有沖刷塵垢和讓其迅速冷卻的作用，第二天再攤開，已是完整簇新的一條毛氈。

就在塔吉哈尼在河邊一塊兒石頭上為毛氈澆水的時候，一輛大卡車從喀拉蘇峽谷的盡頭漸漸駛入。整個牧季，除了能聽到相鄰的幾戶麻紮種羊場的人家，偶有拖拉機的聲音飄過來，喀拉蘇峽谷見不到機械的行跡。大片草甸，雨雪濡濕的路面再經犛牛和羊群過往反覆踩踏，一片沼澤。

羊販子

大卡車的車頭是一種極少見的橘紅色，後箱板上加了柵欄，很招搖，走走停停行進得很慢。我初以為是走得艱難，後來才看清楚，這輛車在每一家的門前都會停。這天晚上，這輛車停在不知誰家門前一直到第二天晌午沒動，我有些疑心，是不是什麼人搭了一輛便車進來，正在各家逐一盤查人口？接近正午的時候，這輛車重新啟動，碾過河裏的石頭和沼澤路面，顯然有足夠強勁的馬力和防滑能力，一直開到河對岸米納瓦爾家的門下才停下來，一行人最後走到了達吾提家的門前，為首的是一個肚子超大的維吾爾人，一身藍西裝裏的襯衣雪白，最大的本事是同時可以操維語、漢語和塔吉克語與人交流，喀拉蘇的每一家都與他極熟，我才弄清楚這是每年都會準時來到喀拉蘇峽谷的羊販子，每一家門前停一停，那是在問這一年各家會有多少羊賣。常年交易，他是每一家的熟客，頭兒晚上停在誰家門前第二天晌午才動車，那是他在這一家吃了一頓羊羔子肉又睡了一個大頭覺。能看出來，他的人緣兒讓他走到各家都不會缺了肉和酒，裏兒面足透，顯然不是我所能比的。

羊販子的到來，讓我看到了極為重要的一個環節。整個帕米爾高原，原是一個極封閉的系統，人際往來，畜群周而復始的遷徙，都在一個系統之內迴圈。只有當這個羊販子出現，整個系統才會打開一個缺口，大小牲畜、毛皮和帕米爾高原東部邊緣盛產的大芸（中藥材），才會被運出山外。換回來的，是世代封閉在帕米爾溝谷之間的塔吉克人，對山外世界的嚮往和走出去的嘗試，最終走向更遠……。

羊販子一行人走到達吾提家的門前，基本也就弄清楚了喀拉蘇牧場這一年各家都有多少只羊、多少頭犛牛賣，還有多少毛皮和曬乾的大芸。我發現各家都比較重視犛牛的交易，會把各家的犛牛吆到一塊兒給羊販子看，彼此看得都極為仔細，各家的羊都去圈裏看。不知道羊販子是否意識到，他們的交易，很可能是塔吉克人生活走向發生轉移最關節的一個推力。

這天傍午之後，各家的犛牛都被吆到了達吾提家的屋後，等待歸圈的羊群散放在圈外。羊群的聲音很細碎、犛牛的叫聲很沉厚，隔著河水，此起彼伏的聲音讓喀拉蘇峽谷一時有了集市的熱辣氣氛。女人們這時候沒有發言權，坐在一邊忙各自手裏的活兒，眼睛不時看看各家的男人在犛牛群和羊群間來回走動。孩子們很安靜，盯著少見的一群陌生人和各家的大人，在為每一頭犛牛和每一只羊計較，不完全看得懂，也能感覺得到這對他們各自的家極為重要。

與羊販子討價還價的最後結果，小羊每只一百三十元，大羊有二百七十塊錢的，也有三百塊錢的不等，犛牛的價格各自不同，從一千五百元到三千五百元的價格差異很大，達吾提一次性賣了四頭犛牛，十七隻羊。當我看著他從羊販子手裏接過錢啐了口吐沫一一數過，實際上，那是在數一一過去的日子。

在達吾提從縣城回到喀拉蘇之後，米納瓦爾和了泥和弟弟每天都在搬著石頭垛牆圈。喀拉蘇蓋房子僅有的材料就是石頭，牆面堆砌平整不倒塌，這是個技術。牆圈超過一人高之後，是建房最重要的一個階段，米納瓦爾在這一天請了喀拉蘇峽谷的所有男人，達吾提和兒子哈斯木拎著鋸子和一把砍錛子（相當於斧頭的工具）最先到達。

新屋分為兩間，橫跨都在五米以上，在喀拉蘇找不到像這樣的兩根樑，一個辦法是經遙遠的新藏公路去山下葉城、莎車一帶找，成本和所費心力高昂；另一個辦法就是在轉場沿途經過的各個居民點搜尋。當地沒有能長到五米以上的高大樹木，從喀拉蘇達阪最後馱運過來，最長的木頭也就是兩三米。達吾提把兩截兒木頭的頭兒上各自鋸去一小半，再把兩根木頭的半截面疊合用鐵絲一捆，就有了一根能保證足夠跨度的大樑。上房樑的時候，所有的男人都會來搭手幫忙。這不僅是重量的分擔，一根樑兩三個人的力氣足以搬得動，沒必要驚動許多人。實際上，當每個人都抻手抬起一根大樑，最重要的，是體現眾人對一家人、和對這家人蓋房這件事的關注。真想不到，塔吉克人會選擇一根房樑作為象徵，通過它闡釋族群最重要的隱喻。

房樑搭好，放好椽子，需要眾人幫忙的事只到這個環節，後邊加屋頂、抹大牆的事都由主人慢慢做，估計，這個房子入住也是第二年牧季的事了。房子的兩根主樑上完，主人牽過羊抱上牆圈子頂，眾人祺誦獻牲，羊血迸濺，房樑、牆柱和牆面都是血跡縱橫，以此作為一種特殊的加持方式，再次肯定族群的意義。就是在房子建好住進去之後很久，這些血跡也不會被擦去，寓意在於感恩和祈福，主人和主人家的日子都會得到最美好的庇護。

米納瓦爾家的房樑落定，在我沒注意的時候，哈斯木翻過喀拉蘇達阪走了，達吾提說他五或七天之後會到穹托闊依。我一聽笑了，以哈斯木的體力，趕到穹托闊依頂多兩天，明顯是給兒子放假。牧場一季，圈裏圈外所有的各類大活兒，都離不開哈斯木一手操持，達吾提的這份心意不為過。最重要的，兒子回家要去看看年邁的父母，也得把喀拉蘇牧場的消息帶回去。

不過，在走的前一天，哈斯木幹了一件壞事。太陽落山前吆羊群回圈，掄著拋石器放出去，石頭飛過去就把一隻羊的後腿打斷了。這是只母綿羊，足有二十五公斤以上的體重，這一年剛生的羊羔子跟在牠左右咩咩叫，已趕不上歸圈的羊群。最後，是嬌吾朗把牠們牽了回來，那時候，夕輝濃豔的天空已轉為隱青色的藍。

在哈斯木走後不幾天，喀拉蘇峽谷連續大雪，已有兩家人拆了帳篷先行轉場。東部帕米爾常年飛雪，所不同的是夏雪落地就化，冬雪是實在的積雪，最後會深及數米，將整個峽谷掩埋。

到了應該返回的時候還沒見到哈斯木回來，落在地上的雪晌午都沒化，羊扒拉著雪找草吃，這使達吾提有些坐不住了。再下一場雪，翻過喀拉蘇達阪就會十分困難，最難的是羊群已在喀拉蘇牧場這一邊吃不到草了。

第二天，腳下的雪還沒化，達吾提不願意看到的雪接踵而至，瀝瀝拉拉，細碎而打得人臉如蟻螫。高原常有的情景，雪霰多是前兆，緊接著後邊就會大雪紛飛，達吾提拖出一摞被褥冒雪開始捆犛牛，老婆和兒媳婦在旁幫忙。達吾提的想法，務必在這一天翻過喀拉蘇達阪。只要翻過，就是雪下得再大，封閉達阪，也不致於不能轉場。那時候，哈斯木無論如何也會趕回來了。

達吾提捆了六頭犛牛，兩頭備鞍，四頭馱運東西，這段時間竟然耗去了三個多小時。最後，他去羊圈牽出了那只瘸腿羊。若不是打斷了腿，這只母綿羊在達吾提一圈羊裏享有「寵物」的待遇，跟主人一家格外親，誰召喚一聲都會跟著走，這回達吾提把牠領出羊圈，牠的小羊羔第一次沒有跟著出來，而是被圈在羊圈裏。這只瘸腿羊肯定已無法翻過喀拉蘇達阪，達吾提抽出刀把牠殺了，剝了的皮和肉裝進袋子裏捆在犛牛背上。

人手不夠，無法像數月前轉場那樣從容，犛牛、人和羊群一塊兒走，大雪彌漫之中，再次踏上山道，這是從夏牧場轉往冬牧場的漫長遷徙之路。

當達吾提最後拉上牧場的門一鎖，就意味著這扇門將不再開啟，一直到來年的五月。聽說在雪最大的時候，這裏不會再進來人，雪會慢慢堆積，一直沒過屋頂，最擅雪地奔跑的狼和雪豹也不會貿然踏進喀拉蘇峽谷，過深的雪和不小心帶動的雪崩都有致命的危險。

羊群吆出羊圈，成楔型掩向河畔，速度之快猶如有統一的指令。水流湍急，落在河面的雪迅速消融在河水中並被捲走。羊群踏過，羊蹄之下原來圈裏的糞和泥瞬間將河水攪渾，河裏的石頭重新露出糙野的石面，後邊緊接著是馱著人和東西的犛牛。落雪的河面，羊群剛剛通過，河岸和河裏石頭上的雪被蹭掉，露出一段顯出地表和石頭原色的痕跡。過河後，羊群走進了一條東向的峽谷，最窄的地方不能同時容兩隻羊並排，這時羊群列成一隊依次通過，最後邊是犛牛。數月前曾走過的山道，逆風而上，海拔不斷在增高，突然覺得峽谷間的雪峰格外高大，臨空拔越，有仰面壓倒過來的巨大壓迫感，繞著山基線走的羊群和犛牛渺小如鼠，懸殊得不成比例。

穿越河水深切的狹長地帶之後，峽谷開闊，幅度稍稍打開，我背依著龐大的山岩回頭一望，羊群簇擁，中間的犛牛馱著厚大圍巾包裹的塔吉哈尼，她的懷裏抱著同樣被包裹得密不透風的瑪麗卡罕，她們在犛牛背上隨著犛牛腳下的顛動搖晃，腳邊匆匆的羊、身側猙獰的石岩和遠處不斷延伸的路也隨之搖晃起來。

羊群在高海拔的山地行進，顯然沒有多看你一眼的力氣，直接迎著我從身旁走過，我可以看到塔吉哈尼和她的外孫騎在犛牛背上正在向我走來。走得近了，犛牛一晃閃開，才突然看到一直跟在幾頭犛牛後邊的達吾提，他的老婆抱著外孫，他的懷裏以同樣的姿勢抱著一隻小羊。爬這麼高的達阪，小羊走不動，被達吾提抱著走。他用熱的胸膛環抱著小羊，小羊會不時抬起頭把牠的小腦袋放在達吾提的頦下，伸出小舌頭舔舔他，這情景讓我一霎間禁不住眼底潮潤，一時已看不清眼前的景像，只聽到羊和犛牛蹄子踏著雪下遍地細碎礫石的聲音如瀑布流瀉……。

喀拉蘇達阪向西坦陳的一面，基本是一個不甚規則的「之」字形，最下端是一條東西走向的逼窄峽谷，中間的一段偏南北方向，最後一段一直到達阪頂端，又回歸東西向，三段坡路總的趨勢是越往上延，溝谷開闊越大，海拔抬升越急。在翻越第二級台地之後，達吾提的老婆和外孫已從犛牛背上下來，這個海拔高度，最強悍的犛牛也無法在負載過重的情況下翻越。

站在第二級台地上，面對著喀拉蘇達阪在面前整個展開，無一處隱蔽。雪稍小了些，天幕低垂，能看得清雪峰連綿的輪廓，坡面一順到底，一條山道垂掛，像條繩隨意抖了幾下，大大小小的彎折就是它蜿蜒的形態，這是翻越喀拉蘇達阪最困難的一段。

羊群開始踏上山道，一隻緊挨著一隻，跟在最後的是犛牛。畜和人，在這樣的海拔高度，誰都沒有體力持續地走。體質弱的羊走不動，逐漸落下來，人沒有再拖牠走的力氣，兒媳拄著杖，一邊吆喝著孩子們跟上，一邊揪著羊背把掉隊的羊一隻一隻往前扔，其狀慘烈！高原塔吉克人和他們的羊群在演繹帕米爾最悲壯的史詩！

達吾提夫婦沒跟得上羊群，老伴兒從犛牛背上下來，達吾提繞到犛牛前邊去抓轡繩，一下滑倒在地，還是老伴兒翻下犛牛後把他扶了起來。這一下摔得很重，坐了好一會兒，達吾提才起身背上他的外孫女往前走。

羊和犛牛斷續銜接，構成一個蛇陣蜿蜒前行，只有盯著山道的每一折路面，才能判斷畜群在緩緩移動，所耗的時間極為漫長。我一直看著達吾提一家吆著羊群，從達阪的頂端逐漸消失，幾塊兒山岩背後的那個豁口就是我曾經經過的那條雪巷，一年四季，寒暑無分，那條雪巷都不曾被消融。

麥收

轉場的路程，至少得走十五天。沒有跟著羊群繼續走，在喀拉蘇達阪送別達吾提一家後，我掉頭長驅一千多公里，沿喀什葛爾、英吉沙、莎車、澤普和葉城經新藏線返回穹托闊依，這段路的車程是三天。

睡在二弟祖木來提專門給我騰出來的客房裏，一直覺得炕在搖晃，還是在犛牛背上和車上的狀態。往劄萊甫相河谷深遠的方向瞭望，不知道達吾提一家和羊群已走到了哪裡，照時間推算，至少十二天以後，我才能在穹托闊依等到他們。

別過一季，穹托闊依遍地的麥苗兒和青稞已是黃澄澄的一片，圍繞著吾守爾的老屋。過去我沒注意到，在麥田與老屋之間，栽有一溜兒波斯菊，淺粉色和純白色的花瓣有異樣的豔麗，屋裏的孫子們每天出來就在這花前洗臉、撒尿。

我去看了轉場前一家人蓋的新房，依舊是四面牆圈沒有動，牆圈中間的地已長了草，只有等達吾提到家，忙過秋收，全家人才會有從容的時間把祖木來提名下的新屋最後建成。

依稀記得還是幾個月前的事，老吾守爾每天都去田裏與兒孫們一塊兒給麥地澆水，在我到達的第二天，又看到老吾守爾早早去田裏。同樣的情景，一個是麥綠時節，一個是秋黃漫天的時候；一個是肩鍬，一個是扛著一把大釤鐮。吾守爾家的麥收在距他家老屋最遠的一片麥地開始，老吾守爾揮鐮釤去，意味著開鐮，不過，以老吾守爾的年齡，揮鐮僅是象徵性的，隨後就交給二兒子祖木來提攥著大釤鐮正式開始麥收，另外兩個揮著釤鐮的人是達吾提家的孫子馬木提，和祖木來提家的孫子買熱買提江。

想想與帕米爾高原相隔遙遠的廣大農區，耕作愈為精細的地方鐮刀柄越短，而且多用直鋒鐮刀，這以中國的長江以南最為典型，多用於收割水稻，短柄直鐮可以最大限度地減少浪費。北方廣大農區多採用長柄彎鐮，麥浪翻滾，短柄直鐮的有限幅度顯然跟不上。接受了農業概念的塔吉克人在引進了種植後，卻沒有引進廣大農區普遍使用的鐮刀，而是用大釤鐮，為什麼呢？

不同收割工具的使用，首先與所面對的土地面積有關，從中國的長江以南依次北去，地塊兒越大，耕作越為粗放。另一個最重要的原因，凡有悠久遊牧傳統的民族，普遍使用的是釤鐮，這原是他們每季打草的工具，地裏種的小麥、青稞只不過是草場概念的延伸，在工具的選擇上，遊牧民族的傳統和習慣起了決定作用，儘管這種工具極為粗放，收割掉的麥粒兒顯然更多。

麥收開始後，短短不到十天的光景，一片一片麥地被割去，最後割到了房前，我一直在等待這個瞬間。門前的麥田是老吾守爾家最後一塊麥地，一旦被割淨，也就意味著一季的結束，突然有種被褪去裙裾的尷尬，極不適應。老吾守爾家每天割麥都起得極早，趁著秋露麥粒兒掉得少，家裏的女人們跟在釤鐮的後邊攏，把割倒的麥子攏成堆，再由男人們用毛繩一捆背到麥場晾開，等著曬乾後打場。一家人回家吃飯，老吾守爾總是走在最後，不時俯身將他所看到的麥穗撿起來，很少能見到的足有上百隻的野鴿子群，就在老吾守爾的身前身後飛，老吾守爾也不去哄牠們，不知道這些野鴿子都從哪裡飛來的，在帕米爾的廣大山地找到這些零散分布的麥地並不是一件容易的事，冬季到來之前，這是牠們每天能吃飽的最後美景。

麥子割倒，女人和孩子們都撒在了地裏，將麥地細細篳一遍，一個早晨也能撿回大半口袋麥穗。

最先背到麥場的麥子經多次翻曬曬乾，馬木提開著拖拉機開始碾場。十多年前，我在依沙布拉克看到的情景，是把七、八頭犛牛捆在一塊兒吆著跑，利用犛牛蹄子的踩踏來脫粒，伴隨著一天不停的吆喝和歌聲，那個情景有更多讓人懷戀不盡的東西。推延十數年，拖拉機的喧囂已掩蓋了往日趕犛牛的吆喝聲，效率明顯提高。一有風起，就可以揚場了。

老吾守爾沒有參加碾場，讓二兒子備了馬，穿一身簇新的衣服，要去一天路外的烏魯克看親戚。烏魯克現在還有吾守爾三十年前的老宅子和幾代人的墳地，二十幾戶人家都是他家或近或遠的親戚，出門串親戚自然都在情理。可誰都明白，這是老爺子在想念大兒子達吾提一家了。走過一輩子，老吾守爾知道轉場的苦，提前幾天去，他會在烏魯克一直等著接轉場回來的家人。

穹托闊依極少雨雪，只有陰晴的變化，每天早晚有風，揚場極為方便。大片的麥地，一季至少得澆幾遍水，辛苦到最後就是看能落下多少糧食。脫粒後的麥草被添塞進草圈裏，還有一部分被背到河畔草甸與麥地相接的那道山岩上下的幾個石洞裏貯藏，這是給漫長冬季偶爾路過的客人準備的。客人們永遠看不到祖木來提和孩子們，背著巨大草垛在大太陽下往返的情景，所有類似的舉動都不會予以記載，但是，所有的努力，卻在每一個最偏落的角落留下了溫情，那是與帕米爾高原縱橫山系相映襯的另一個龐大、有力的構成，是帕米爾高原塔吉克人內心的重山萬千，風景無限！

就是在最冷的時候，進入箚萊甫相河谷的穹托闊依段，也能遠遠看到老吾守爾屋後的幾棵褪去了樹葉的竄天楊隨風招搖，歸途落定的心緒會讓你一時心裏極踏實。九月中旬，距樹葉褪盡的時候還很遠，那幾棵大楊樹鬱鬱蔥蔥，大楊樹下的數棵杏子樹已是一派金黃，苫護著吾守爾家的老屋像是一個傳說的地方。若有幸站在杏子樹下，陽光透射，杏子樹滿天綻放的葉片是能發出一種極銳利聲嘯的馨黃，黃透的樹葉已有了舊書的沉著。在許多年間，達吾提陸續栽種的杏樹都是當地的土樹種，結的杏子不大也不甜，卻有春天的滿園杏花和秋天如火的爛漫金黃，在山裸河糙的大片曠野之間格外醒目，所有的溫馨蘊含其間。

回家

比與我約定多了三天，達吾提一家整整十八天才返回穹托闊依。我以為，能重新見到一家人吆著羊群浩蕩翻越喀拉蘇達阪的情景，繞過屋後的沙棘林一直迎去數公里，見到的只有幾匹馬、幾頭犛牛、幾個人，老吾守爾居中，馬前馬後馱著他的兩個重孫子，前邊的是嬌吾朗，後邊緊抱著老爺爺的是白給克。這兩個孩子，一路吆著羊走，我吃驚他們各自的小腿已有成年人的耐力，一定是老吾守爾心疼他的重孫，在最後一天，一直讓兩個孩子坐在馬上。達吾提的老婆抱著外孫女騎著另一匹馬，兒媳婦帶著馬木提的大兒子騎著一峰駱駝，達吾提牽著另外幾峰駱駝馱著垛子走在最後。哈斯木在轉場之前遲遲未歸，估計，就是在吆著這些駱駝一路趕，最後趕到塔里迪庫勒從犛牛背上把東西都卸下來，重新捆在駱駝背上。否則，跟隨羊群沿著翁萊甫相河谷一路走十幾天，這對飲冰啜雪的犛牛意味著災難。

老吾守爾見到我的時候，前後都帶著孩子，老人家腿腳利索地下了鞍，牽著馬走到跟前和我問安，哪兒能看出這是位一〇四歲的老人！一路的辛勞都寫在達吾提神色疲倦的臉上，兩眼稍有迷離，臉頰依舊是溜光水滑，這是經過久久分隔之後的回家，達吾提一定是在前一天或這一天的早晨，仔細地刮了臉。

沒看到羊群我很疑惑，達吾提抬頭向翁萊甫相河的方向示意。自走出峽谷之後，羊群一直沿著河的西岸走。吃了一季喀拉蘇高山草甸的草，養足了秋膘，不會讓羊群反覆趟河過，過大的體力透支足以抵消喀拉蘇牧場的所有精心飼養。羊群走得慢，同時，翁萊甫相河的西岸散布有大量的荒原植

被，鹼性富含高，有利於營養搭配，羊群行進的速度自然慢了許多。

陪著老吾守爾一家人走到家，越過穹托闊依的河畔草甸和沙棘林，我來到河邊，一直看著羊群南去，揚起一路煙塵。逆河南去的夾角就是帕米爾東部邊緣最具標誌意義，終年不化的慕士塔格雪峰，雪峰下是與穹托闊依遙遙相望的另一個居民點托庫子布拉克（九眼泉），孩子們的寄宿學校就在那兒。

第二天，早早趕到河岸一邊，我看到哈斯木哥仨兒吆著羊群頂著風塵走過箚萊甫相河岸的全過程，一直到吊橋邊。從河岸之上的路到吊橋，有幾十米的落差，日積月累，一腳踩下去的沙子能埋掉大半截兒腿，羊群擁擠，一時捲起彌天煙塵久久不散。

大概就是以穹托闊依與托庫子布拉克隔河

對望的河段為界，箚萊甫相河開始進入逐漸開闊的下游河面，上游河段的落差明顯更大，河谷深切，兩岸過往，唯能依靠的就是吊橋。估計，幾十年前，河面上的吊橋多用毛繩結纜，後來換了粗鐵絲，再後來，換了如今的鋼纜。羊群走過，吊橋依舊擺，哈斯木哥仨兒羊群橋頭兩邊各站一個，不斷提溜著朝橋下鑽的羊往橋面上放。橋下是十幾米深的河谷，一座吊橋橫跨兩邊，走過橋就是與穹托闊依銜接的大片荒原。羊群從淩空的吊橋上走過，一直排到河北沿兒塌落的一座斷崖上下，細碎的蹄腳已能看出倦，卻沒有一隻停下來，牠們已嗅到了風裏有穹托闊依河畔草甸的氣息。

軟皮靴

箚萊甫相河差不多就是帕米爾高原東部邊緣的一條大圍巾，河與山緊緊相依。但是，沿河上下，並沒有與這條豐沛水脈相宜的大片植被，穹托闊依河畔的草甸就顯得格外珍貴，是畜群冬春轉場最重要的一塊兒輪轉、接替之地。到了九月中下旬，明顯能感到風裏已隱含著寒氣，陽光透朗，看著大小畜散布在草甸之間，如此難得的一份散淡，老吾守爾家的幾條狗都在撩開蹄子睡覺。

轉場回到穹托闊依，達吾提一家所操心的事明顯已是女兒的婚事。老伴兒塔吉哈尼不知道從哪兒弄了一罐兒紅染料，拽出一張熟牛皮仔細染過晾在太陽底下曬。大兒媳塔吉古麗整天都在刺繡，看著剪的布料和繡的花，是一頂塔吉克男人的帽子。達吾提在繃鼓，楊木板刨薄了扔在水裏泡，泡夠了彎成一個圈，再把一張硝過的駱駝皮蒙上綳緊放在背陰的地方晾，幾天之後照圈弧的大小綳好繩子再晾，這將是未來婚禮最不可缺少的一樣重器。沒聽說塔吉克人娶媳婦嫁閨女有做鼓的講究，待嫁的西琳是幾個孩子裏最小的丫頭，達吾提動心了。

當達吾提的老婆攥著一瓶紅染料染那張犛牛皮的時候，我並不清楚這張皮最終要做什麼。早在上一個牧季之初，殺了一頭犛牛剝了皮晾乾，到這個牧季才從喀拉蘇牧場帶回來。直到達吾提拎著犛牛皮進屋攤在炕上，然後照著女兒西琳的腳畫樣兒，我才弄清楚他的意圖，這是要給女兒做一雙軟皮靴。

如今，高原塔吉克人腳上穿的最普通的是軍轉民用的黃膠鞋，有武警專用和陸軍專用的兩種，很耐用，最大的好處是價格便宜，孩子、大人，男人、女人，流行的程度超過塔吉克人的吐馬克（男人的帽子），這使他們常日不大洗的腳，除了濕漚的味道外又多了一股子生膠味兒。不過，他們心底更看重的還是漆皮鞋，只要有可能，莫不以有一雙漆皮鞋為榮耀，這畢竟更靠近城裏人，或所見過有身份的人的生活，相比之下，地道塔吉克人的軟皮靴穿的人就太少了，只有像老吾守爾一輩的老年婦女還在恪守，不出遠門不持重活兒，軟底兒軟幫的軟皮靴就有許多方便。但是，這不是達吾提費力給女兒做靴的原因。實際上，未來婚禮上給女兒買一雙皮鞋要省力得多。

給女兒畫好腳樣兒，坐在炕沿兒膝上墊塊兒木板，塔吉克男人無時不帶的刀子派上了用場，橫豎幾下，就把一雙軟皮靴的底子、鞋面和兩片長膝筒切好了，然後拿出針線和專用於縫鞋的鉗子開始將這些零散的碎皮子往一塊兒縫，時間一時凝固，只有線繩在皮層之間穿引的嗖嗖聲響……。

我仔細地看過，在老吾守爾的家裏，老年婦女都有軟皮靴，而且經常穿。帕米爾的遙遠山地環境，與日常的生活場景，甚至對於塔吉克人的穿戴和長相，軟皮靴都是最相適宜的，敦厚，耐磨，蹭點泥土拍掉不會有任何影響，最重要的，是有同老年人白髮和皺紋一樣風韻的味道。再就是孩子們，剛會走路或正處調皮到處亂跑的時候，一雙軟皮靴套在腳上，有羊和牛一雙小蹄腳的可愛。由此判斷，如達吾提一般的妻子們和兒子馬木提一輩兒的妻子們，每個人都會有一雙軟皮靴，只是她們沒常穿。

高原上的塔吉克人，進門出門以女士為先，在作客的排序中，上門的女賓無論輩份高低，都會坐於上席，女人的地位被反覆予以暗示和強調。但是，在自己家裏，女人們吃饢也很少能吃到囫圇個兒的，客人吃了肉離開，她們只能把吃剩的骨頭再吮一遍。可是，作為丈夫，男人會給自己的女人精心縫製一雙軟皮靴並惠及子女。過去，這個活兒都是由老吾守爾來做的，現在，達吾提已經全部接受了父親縫製軟皮靴的工具。在女兒西琳結婚之前，母親給女兒的東西會瑣碎到針頭線腦、一雙打饢的厚手套，父親給女兒的禮物就是親手縫製的靴子，出門那一天騎在男人馬後的時候若沒有這雙軟皮靴，十馱垛子馱的彩禮也遜色。

達吾提的一雙靴子做了兩天，老吾守爾一直在一旁看，父子兩代的心境都曾經歷。在幾十年的歲月中，老吾守爾前後送走了七個女兒，一絲不苟地做了七雙靴子，達吾提也送走了兩個女兒，現在要送留在身邊的最後一個女兒。靴子做好，女兒西琳從她裝女孩子珍藏的包裹，拎出一雙五彩的毛線襪，有薄氈的厚度，不知是出自哪位嬸嬸或哪位嫂嫂之手，她套在腳上。達吾提拎過靴子給女兒腳上穿，穿到底可不容易，老吾守爾站起來一塊兒幫忙，先拽著幫將軟皮靴踹到底，腳底夠不著、踩不踏實的地方用錘子錘，再用刀柄沿著鞋幫擀，擀不動換了鍬把擀。畢竟熟的牛皮軟，撐開最後整個裹在腳上，西琳的腳就是一雙鞋楦子，等到整個成型，一雙軟皮靴才算真正完成。

作為女兒，西琳的這個下午奢侈極頂，由爺爺吾守爾和爸爸達吾提兩個人給她穿這雙軟皮靴，父子兩人渾身是汗，西琳不時會叫一聲，那是錘子在腳底敲得重了，或者鍬把擀得腿疼，能看出這是一個女兒在父親和爺爺懷裏最後撒嬌的機會。

女紅

達吾提長兒媳塔吉古麗忙過幾天，帽子的裏外層已經縫合，外圈疊一層油黑發亮的小羊羔皮，最後裹一圈紅綢帶，上邊再綴上閃閃生輝的亮片和碎珠子。塔吉克女人自小稍懂事，第一件事就是拿著繡針跟著媽媽或姐姐學繡工，等到能給一個男人做帽子，這已是她們成年的時候了。我有幸見識了整個東部帕米爾高原最優秀做帽子的高手，就是老吾守爾三兒子蘇萊曼夏的妻子古麗，同樣一頂帽子，繡工、縫合的仔細和帽子邊沿的清晰、挺擴，都是別人做不到的。不知道是不是這個原因，過高的手藝技巧和極為單一的感情屬性，都使塔吉克人的吐馬克無法作為商品流通。我見過她給老吾守爾專門縫製的一頂帽子，老爺子戴上年輕十歲不止，堪稱塔吉克人的手工極品。在下一代女孩子的繡工中，塔吉古麗就是整個勒斯卡木村最出類拔萃的了，很巧妙，古麗和塔吉古麗兩人的家都在烏魯克，雖是嬸嬸和侄媳婦，不知兩人之間是不是有傳承關係。有這樣兩位女人的存在，使得達吾提兄弟和兒子輩兒的幾個男人，對好的羊羔皮都有種近於直覺的敏感，他們會在勒斯卡木找最漂亮的羊羔皮，也會去葉城、莎車或喀什葛爾找，最夢寐以求的是塔克拉瑪干沙漠漠北庫車的紫羔皮，當地有「庫車的羊羔子一枝花」的說法，也不知道流傳了多少年！

女兒心

西琳穿著父親達吾提親手縫製的紅色軟皮靴，走路多少有些鶴的姿態，一雙腳被箍得緊。就是這樣的狀態，她突然跑回了家，原來是她未來的公婆來了。親家讓進門喝過茶，他們首先去了吾守爾老宅子東坡的麻紮，這是正式娶親之前最重要的儀式，有向先祖通告並得到保佑的用意。祺告完畢，親家回到屋裏落座，閒話扯半天一直沒有正題，我問達吾提是不是來敲定結婚日期的，他努努嘴一揚手，意思是「誰知道」。沒有辦法，人家不說，我們也不能提。達吾提繼續給我說。

我吃驚地發現親家母與買熱買提江的媳婦阿爾祖別給姆的確長得極像，這才搞清楚達吾提三妹的

女兒嫁給河對岸托庫子布拉克的帕爾吾納家做媳婦，帕爾吾納的老婆與親家母和阿爾祖別給姆是三姐妹，難怪這三個人見了面的話就說不完。

達吾提和兩親家的會面一直持續到下午，這時候，西琳蒙著頭巾就在隔一道牆的灶後。兩家商定，在十月的第二周舉行婚禮，祖木來提依著伊斯蘭曆法算定了娶親的日子，親家遞上將來給兒媳婦穿的衣服，塔吉古麗拿來了那頂經她精心縫製的帽子，原來這頂帽子是女方給未來女婿的禮物，接親的時候他就會戴著這頂帽子到女方家來。結婚日期確定，照例行宰牲禮，以最隆重的儀式歡迎親家，同時，為確定日期祈福。宰了羊到羊肉煮熟還有很長時間，兩親家出門去看別的親戚，達吾提的老婆收起飯單往灶後送，沒想到女兒西琳提抓起飯單就扔了出去，撲在母親懷裏哭。

所有女孩子早晚都有這麼一天，喜憂參半。離開父母就意味著從此不再有人眷顧，一切獨立承當，加之又是家裏最小的一個，西琳心裏的滋味，離痛遠大於一份尚未開始的日子。祖木來提的兩個守家女兒都比西琳小，同一片屋簷下長大，就像馬木提、哈斯木和買熱買提江三兄弟如今的孩子們一樣，她們拿著梳子散開頭髮，走到西琳身邊，讓姐姐在離家前最後一次給她們梳頭髮。

高原塔吉克人，有關女性的一切知識、技能和所有隱秘，傳授管道一是通過上一輩人，一是通過同一輩的姐妹，由此形成習慣。臨嫁前的姐姐給妹妹梳頭，隱含的寓意是藉此將姐姐的好福氣傳給妹妹。一位待嫁的新娘，結婚本身就是人生的大喜慶，所有的祝福融於一身，她打的饢、擠的奶、用過的東西，都會福澤一方。

確定了婚期之後，達吾提做了最重要的一個決定，就是要帶女兒前往喀什葛爾，直接目的是給女兒買嫁妝，實際上，這是他作為一個父親，在用所可能有的最好的方式為女兒送行。塔吉克的女人一出嫁，就是隔著一鞭子的地方也不能天天回家，嫁出去就是不歸途。達吾提的四妹澤麗菲婭的丈夫去世已多年，依舊拉扯著孩子獨立支撐，不是年節或家裏有大事，絕不會回家。帕米爾高原的塔吉克女人，嫁出去就會全身心扶持一個男人，就是這個男人不在了，也會全身心地扶持男人留給她的這個家，一直到她撒手離開的一天。

十多年前第一次前往喬戈里山地，途中曾經過通往托庫子布拉克的一截兒路。路面癱廢，不時有被河水淘蝕的大片塌陷，隨處可見山頂滾落的石頭和泥石流堆積。不過，可以清楚地看出原來的路基，有水泥的殘橋和半埋在河沙中的水泥預製件。可以肯定很久以前，托庫子布拉克是有路的。

地圖上如今標明的塔吐魯溝，在兩千多年前，一直是絲綢之路的過往通道，這有如今還能看到的一座古驛站為證。自那時起，由於地處多國交界處，塔吐魯溝曾駐紮自漢代以降各個朝代的軍隊。最近的百年間，如今解放軍的駐紮營地與當年國民黨的駐軍營地，相距僅咫尺之遙。水泥路面的遺跡，說明自上個世紀五十年代，為當時的戰備所需曾修建公路，後來廢棄。三、四十年過去，這條路在近十年間鑿通重被啟用，才有了第一輛民用大卡車經常往返。司機父子原是常來往於勒斯卡木各個居民點間的羊販子，路一通，他們買了一輛也不知道倒了幾手的破卡車。路途艱難，加之隨時會有泥石流或山頂飛石，這條路成了他家的壟斷經營，一周或十天半月來一趟，拉羊拉人拉東西。這輛隨時會癱在路上的破卡車，連保險桿和葉子板上都能掙錢。車一到，遠近的塔吉克父老鄉親奔相走告，這天早晨，達吾提父女趟過翁萊甫相河，早早就在等待這輛車的到來。

猛一看這輛卡車很嚇人，一個分上下兩層的鐵籠子占去了大半個車廂，隨著車的顛動，大鐵籠子會來回竄，不知道上邊坐了人，車一拐彎兒會不會把人閃下去。人陸續到齊坐上車，才發現我的理解完全錯了，鐵籠子上下都是裝羊的，剩下的小半截兒車廂用來垛羊皮和曬乾的大芸，有時候還會有一兩家人要帶到城裏買油的空桶，最後剩的地方離後車箱板不會超過大半隻羊的身位，這才是坐人的，每人每位一百元。所幸荒郊野嶺沒人講交規，這輛超高、超員、超重的車不礙行駛，更有賴於勒斯卡木人個個的超高膽大，實際上，是出山太難，而這輛高危車輛是唯一的機會。

這是有生以來，西琳第一次走出重重大山。

超載的卡車駛過有人住的地方一路停，有人搭車，更主要的是司機買的東西多，活畜、皮子和乾貨一路裝，裝得再沒有一點縫隙。搭車的人每次都跳下車幫忙裝車，拉繩子紮車，看著都是司機的親戚。我注意到這個司機在勒斯卡木各家比我熟，有早年新疆不通火車時的威風，到哪一家都是上賓，吃喝無忌，各家的用心無不是圖個進出方便，絲絲縷縷隱含著對山外天地的熱望。

離開勒斯卡木村最後一個居民點，裝載得近於招搖的大卡車一路行駛，重重大山劃過。因為處於大片的沖積扇之間，距河谷還很遠，最開始的路面很平坦，唯一無奈的是車輪下翻捲的灰塵在追著車跑，沒有半支煙的功夫，西琳專為出門戴的頭巾和穿的衣服都是灰。

托庫子布拉克的路原來的一條老路，由於路況條件極為惡劣，重新啟用無法做太大的修復，行駛到緊依河畔的地帶就難了。最窄的地方，一邊是岩壁，另一邊就是河沿，車輪擺動大了都會碾空。有兩個地段沿河谷一側的路基被河水淘空，橫搭了幾根鋼管權做路面，別說車輛通過，就是一頭牛過去不小心失蹄也會掉下去。最難走的地方有泥石流堆積，面積太大無法清理，車輛過往只能從上面碾著過，堆得太高仰角太大，一爬上去老半天只能看到天卻看不到路，爬到頂兒接著就是一個急轉彎，操縱稍有失控，後果不堪想像。

叶萊甫相河在托庫子布拉克以上的河段多為深切河谷，在她的下游，我們已見過蜿蜒伸去的寬闊河面，那種從容不迫，表現了一條大河歷經顛沛、滄桑之後的心境；如果沒有站在上游高懸的崖壁上看著這條大河在深谷中咆哮、翻滾的情景，你就不會對這條大河所蘊含的力量有深刻體驗！河邊兩側及河床，是高大山體自上而下渾然一體的堅硬岩石，久經沖刷，這些巨大岩石都有出土銅器的質感，河流滾動激起的水浪如一頭頭發情的犛牛在曠野間狂奔，野性而蠻力十足。可以想像，若沒有這條大河的縱橫馳騁，人們就不可能在帕米爾的重疊大山之間找到最初的路，這就是高原上所有的路大都與河水相依的原因。

除了塔什庫爾幹、叶萊甫相、沙湖、木吉這些位於高原邊緣的寬大谷地，愈接近高原的核心地帶，山巒愈為密集。在這些地方，山岩剝蝕的礫石沙屑構成沖積扇，寬幅卻極其有限，還沒能足夠的展開已被河水斬斷，形成巨大的斷面，路就在這斷面之下、河沿之上蜿蜒伸去。

我登上卡車，登到鐵籠子的最上層，兩手緊緊拽著鐵籠子四邊的鋼筋，周邊是司機買的羊。在喀拉蘇牧場，每天都在看著羊進圈出圈滿山遍野地跑，並沒有感覺到有什麼不能忍受的氣味兒。蹲在大卡車的鐵籠子裏就不一樣了，儘管行駛的車會有很大的風，依然讓我覺得窒息。不僅是糞味兒，是一種刺鼻的腥，這些羊拉出山會被送去集貿市場賣掉或被殺掉，不知道這是不是羊兒們預知到各自不幸的心理味道？

走出大山

坐在這種車上，鐵籠子裏的羊和所帶的東西占去了大半個車廂，剩下一點地方，人的臉和籠子裏伸出來的羊頭蹭，一下顛得重了，不抓著車幫子都能顛下去。從沒有坐過車的人，心裏只有無助和被棄的感覺，不知道裹在一條頭巾下的西琳，還有一點即將走出大山的喜悅嗎？

自西向東，以喀喇昆侖山為界再向南推延成一個巨大的半圓，依次會掃過昆侖山、岡底斯和喜馬拉雅等諸多龐大山脈，有一條大動脈從中貫穿，這就是著名的新藏線。你絕對想不到，從托庫子布拉克到新藏線的介入點麻紮僅有一〇九公里，這段路整整跑了六個小時！

麻紮是一個三路匯聚的山口，走到這兒，過往的司機都停車，車上的人都會下來歇歇腳，路邊幾步外的戈壁尿騷氣沖天，更遠處是流淌的河。我向著麻紮伸去三個方向的路看了看，心境複雜：背後，是我剛剛走過的路，經過多少年，我的塔吉克父老鄉親們才第一次有了走出大山的可能；我的前面，是伸向更遙遠方向的新藏線，我曾沿著這條路一直走下去，最後遊遍整個後藏；我的左側是重疊大山，通過山口二百公里的曲折山道，就能與環塔里木盆地的那條公路大動脈相接。

卡車抵達麻紮沒有停駐的意思，吆喝人上了車頂著月夜走。這一天的月亮明亮如碧，達吾提父女沒心境對著月亮馳想翩躚，和另外幾個人擠在一塊兒，伴著一車羊，當夜翻過海拔六千三百米的塞力雅克達阪和海拔五千七百米的阿喀孜達阪，於第二天清晨趕到澤普縣城，換乘一輛在塔里木盆地南緣各個城市區間跑的長途公共車。

多少作家描述過塔里木盆地南緣的那些美麗綠洲，與穹托闊依最大的區別，是達吾提家像盆景栽的幾棵稀貴楊樹，在這裏遍地都是，擠擠挨挨地在公路兩邊，這就是南疆讓人神情恍惚的林蔭大道。西琳的心境明顯不錯，和父親一路不停地說話，我特別關注他們父女經過澤普到莎車區間那條大河的情景，達吾提告訴女兒那是葉爾羌河，女兒爬在車窗上看。

與達吾提父女同車的人，多是當地的維吾爾人，全車沒有幾個人能聽懂他們在說什麼，不明白這個黃頭髮、藍眼睛的塔吉克女孩兒何以會這樣興奮！同樣一條河，在這裏被稱作葉兒羌河，相關的記憶是維吾爾人曾創造最為輝煌的葉兒羌綠洲文明。這裏沒人知道「葉爾羌相」這個河流的稱呼，她或許更久遠，支撐著有關帕米爾的所有傳說、想像和猜測，而對於一個第一次走出大山的塔吉克女孩來說，重要的是這條河曾流經她家的門前。自從爬上大卡車走出來，我就很少聽見西琳說話，第一次出山的所有興奮很快被一路顛簸所取代，她不再有走在草地上、站在羊群中間的自信，完全被扔進了一種不熟悉、無法控制的局面中。只有在重新看到流經她家門前的葉爾羌相河，她才知道自己是從哪裏來、她是誰。

葉爾羌相河的上游水脈共有兩條，一條源於喬戈里山地，一條發源於更為遙遠的喀喇昆侖山口，兩條水脈在托庫子布拉克河口匯合，流經帕米爾高原東部邊緣麻紮、達布達爾、瑪爾洋、布倫木沙、大同等所有的塔吉克文化區域，而後進入典型的維吾爾文化區域。其間，最重要的分界點為阿克陶縣的塔爾塔吉克鄉。

蒳萊甫相河與塔什庫爾幹河，是東部帕米爾高原兩條最偉大的河流，她們創造、哺育了東部帕米爾高原的塔吉克文明。也就是在塔爾塔吉克鄉這個點，兩條河流開始第一次、也是僅有的一次匯合，同時，也就意味著帕米爾高原文明的終結。除了由羊販子帶走的毛皮、羊、犛牛肉和曬乾的大芸，塔吉克人沒有對喀什葛爾平原及其周邊有更深入的影響，甚至都很少從山上走下來。也就難怪，到了喀什滿城找遍只能找到一家塔吉克旅館，提供的餐飲就是茶和街上買來的饢，每張床鋪的價錢在買四個饢到十個饢之間，我領著達吾提父女走了。

與達吾提家族十數年的關係，在這個家裏，我擁有差不多與達吾提一樣的地位，西琳完全將我視作第二個父親。我不能確定自己是不是做得對，給他們父女在喀什的幾天做了最好的安排，達吾提為女兒的出嫁買到了所有想買的東西，最奢侈的是給女兒的錢買了化纖地毯、一雙皮靴和一件皮夾克。可是，看著女兒對著一桌菜只喝茶不動筷子，不會用抽水馬桶、找不到關燈的開關，我的心裏很不是滋味兒。僅僅住了幾天，完全沒有我們進入城市的自如和舒適感，西琳已經幾次躲進洗手間裏獨自抹淚。返回的時候，剛剛進入山裏，看到滿山跑的羊，我重新看到了女兒的笑，格外燦爛。這個笑，將是這孩子在我一生記憶中的定格。

婚禮的前奏，是從馬木提、哈斯木和買熱買提江三兄弟打柴開始的，吆著家裏的駱駝還有另外借的駱駝，浩蕩的駝隊一天往返一趟，馱回來的柴火堆成山。在這之後，三兄弟的駝隊陸續又跑了幾天，直到把家裏的柴院兒都垛滿，驚人的用柴量，大致就是未來一個婚禮的規模。

東部帕米爾高原的塔吉克人，婚禮一般舉行四天。

第一天，男女雙方都在各自的家裏準備、待客；

第二天，新郎會往女方家裏住一夜，舉行結婚大典；

第三天，新郎馱著新娘回家，新婚夫妻才可以真正住在一起；

第四天，新郎挑開新娘的面紗，新娘給一家人燒第一壺奶、給公婆敬茶，從此開始新生活。

不過，現在塔吉克的婚禮省去了非常重要或換種方式在秘密履行：新婚夫妻第一次圓房之後，第二天會將沾著女兒紅的白布向眾人展示。

這種久已不見的儀式，有表明女人貞操的意思，也有生命歡悅的寓意。帕米爾高原的塔吉克人，除了生存層面的所需所求沒有更多外延，衣飾足以蔽體但沒有時裝，吃喝足以果腹但沒有更多味覺上的享受，一切止於生存的需要而不會有任何揮霍和奢侈，兩性最初的歡悅被賦予最神聖、最高級別的期許，成為整體部族的歡樂。

由於後兩天主要都是新郎家的事，女方以婚禮的前兩天最忙、最熱鬧。婚禮當天，各家女眷先到，年輕的姑嬸姨嫂會操持打揣了足夠多清油和奶子的普萊（男專用）饢與哈翁克西堤克（女專用）饢、炸阿爾則克（油炸食品），德高望重的幾位老年婦女會把新娘領到一個僻靜的房子燒了熱水給新娘全身沐浴，其間最重要的一個環節就是為新娘剃去陰毛。與此同時，差不多相同的內容也在新郎家進行，在完成洗漱的同時，德高望重的老人會把新郎除了眉毛以外的所有毛髮剃去。進行這個相同環節選擇的人和所要做的事，集中體現了整個部族的關注、對生命歡悅的最大重視，在即將踏入生命最重要歷程前的一瞬，讓每個人保持全新的狀態亦如新生，而後向那扇巨大的生命歡悅之門漸漸走去，直至全部撞開、昇華，這是生命之河一次最壯麗的波湧。

穹托闊依草甸三十年前，僅是羊群路過會有一片草吃的地方，經老吾守爾一家三十年的經營，這裏成了帕米爾高原東部邊緣最美的草場和農居地，輪牧的人多了，走動的客多了，畢竟仍未改變過路的這個性質。西琳婚禮這天完全不同，這裏成了目的地，勒斯卡木各個居民點每一家都來了代表，最遠的人從兩天路外的依沙布拉克來，從五天路外的辟力來。來的客人都帶了禮物，女賓以繡花布片和女孩子的飾品為主，男賓有送三塊五塊錢的，有送布的，一般不送過於貴重的禮品和禮金，最重要的是要求人到、心到，送了禮物眾人齊誦祝福，恭賀主人家大喜。這時候，達吾提這一年做的那面新鼓被拿來了，婚禮主持人把這面鼓依次遞到每個人面前，對有家人去世的家庭表示遺憾，對所有前來祝賀的人表達感謝，最重要的是徵詢每個人對這樁婚事的認同，眾人擊鼓以示同意，手鼓打起，婚禮的序幕由此拉開，達吾提一次就牽進來六隻羊行宰牲禮。

在塔吉克人的婚禮程式中，每一層、每一步都隱含著神秘、久遠的暗喻，核心內容是強調部族的整體關注，這是塔吉克人能夠在帕米爾高原繁衍生息最重要的認知，通過盡可能多人的參與，通過許多情境感受，通過歡悅進一步證實、進一步再強調，高漲的熱情和流動的血脈，一個婚禮的場景是塔吉克人所有生存意識、哲學和豐富內心活動最形象的演示。

最先起舞的人是族中最受尊重的幾位長老，老吾守爾和他鬚髮全白的弟弟們在屋中翩躚旋轉，不時還較著勁兒看誰比誰跳得更好看、手臂翻轉的花兒更多、腳下的舞步更有力，屋裏的人都停下來給他們拍手。

這兒的生存條件，無法讓塔吉克人創造足夠多的樂器和讓其精緻的條件，這使表達快樂的方式也與他們的生存狀態一樣簡單，只有手鼓和鷹笛——前者是遊牧文化最精粹的提煉，後者是他們極致想像的再現，就有了踏著鼓點的鷹的飛翔。

在喀拉蘇峽谷和穹托闊依山地，我已無數次看見鷹的飛翔，有抬頭仰望的追逐，有站在山頂看著鷹從我腳下劃過，不知道性情內斂的塔吉克人何以會如此地癡迷於鷹？過去，我曾注意到，鷹高空凌絕的氣骨和牠揮灑飄逸的自由寫意，都是塔吉克人癡迷鷹的原因。後來，我發現這種認識遠沒有觸及塔吉克人的靈魂。重山的逼迫，久遠隔絕的孤寂，和與大多數人在一起表達的失語，這一切都使塔吉克人更渴望鷹一覽眾山的眼界和胸懷，雲霄間往復穿梭的鷹是塔吉克人心底最大的夢！

幾曲過後，跳舞的老者都退去了屋外，年輕人成了主角，我又見到了霍斯洛和長媳塔吉古麗那位大眼睛的弟弟，他們更多地引起了女士們的注意，兩位老奶奶級的大媽攥著花頭巾在他們的頭上擺，年輕的姑娘們躲在人群裏不時用眼睛往他們身上瞄。以霍斯洛的年齡，在這樣的場合，他的影響已持續了十年不止，不過，他已不太貪戀以舞姿讓更多的人關注了，一曲沒跳完就退回屋角重新操起鷹笛吹。一個原因是在他老岳丈的家裏，多少得有所顧忌；另一個原因，現在跳舞跳得最起勁的已不是像霍斯洛這樣已有三個孩子的父親了，而是更年輕、更無所顧忌的幾個小夥子，由此可以看出帕米爾深山裏那些男人們的成長軌跡。

待嫁的西琳在幾位老年婦女關注下完成沐浴後，僅穿著簡單的衣服被裹在層層疊疊捂得嚴實的被子裏，新郎家裏的情景也和她差不多。高原塔吉克人，一生會有三次最重要的沐浴，一是他（她）出生的時候，一個是他（她）人生暮年進入天堂之前，唯一最清醒、被仔細體驗的一次是奉婚大典前，兩個人渾身上下都被各自最信賴的人洗淨、最私處和腋窩兒的毛都會被剃盡。實際上，塔吉克的男女孩兒，自長成到成婚前，身體和肌膚不會與人有任何過於親近的接觸，沐浴和剃度的過程是第一次經別人之手在他們的身體上細細摸索，這有極大的喚醒作用。沐浴後穿的衣服，一定是未經一水的新衣，再被裹進層疊的被子裏，這些細節的推進都在強調一種逐漸加強的暗喻。只有一個細節我沒搞懂，裹在被子裏的新人不一會兒就大汗淋漓，這是為什麼呢？我所能猜測到的，是通過出透汗這種方式，再次完成身體內部的洗淨，讓一對新人在即將相見相融前身心俱淨，追求純粹的極致，最終達到絢麗與輝煌。相對於蠻山曠野，生命纖細如絲，必予以最悉心的關注與呵護，而達到

生命的歷程，如此地繁文縟節，不惜鋪墊，其實是在表達塔吉克人內心對生命的無限虔誠與膜拜。

接近傍午時，姐妹姑嫂簇擁著新娘來到灶後一側，團團將她圍住，開始更衣梳妝。衣服多是大紅的，近於祭牲的血色，事先經阿訇祺誦和拋撒麵粉的祝福，獲得加持，衣飾已有神聖寓意，這個過程會持續四、五個小時。一對新人完成沐浴的過程是讓整個身心逐漸褪盡，此時所履行的儀式是層層疊加，把所有的衣服都穿在身上，內衣外邊有毛衣、坎肩，再外邊是正裝，正裝之外還會穿上大衣。最為複雜的是梳妝，首先是梳髮，從頭梳到髮稍兒，再依據年齡將頭髮分成數條小辮，每根小辮編上純白的扣子，過去講究編銀扣，這是塔吉克婦女成婚與未成婚最重要的外表標誌，從此，進入女人一生之所以更為一個女人的重要時期。

非常富有戲劇性的是，新娘一身上下，多是買來或經別人手做的，唯有一頂帽子必親手刺繡製作。塔吉克女性精於刺繡，一生有無數表現的時候，但這次最為重要，她的年少成長期都在為這一天做準備，知道怎麼繡漂亮了、怎麼繡最能表達心意。精心縫製一頂帽子戴在頭上，不僅是手藝的顯示，而是把自己做最完美的呈現。之後，沿著細碎串珠的帽簾掛一塊兒純白色的面巾，渾身再披一方長及齊腰的紅色大披巾就算完成了。自此，不會再有人看到新娘的面容，直到新郎用馬鞭子將面巾挑開。哪怕稍做想像，都會為新娘層層套疊的衣服感到匪夷所思！這是最竭盡、最純粹的呈現，層層疊疊的衣服會增加無窮的隱秘性，才會有最神聖的儀式感和意味，使得兩個新人的一切都變得非同尋常：兌現、承負、相守、與共……。

叼羊

高原塔吉克人的婚禮，最能體現歡悅情緒的場景一是手鼓敲響、鷹笛吹響的時候，任何人都可以唱、可以跳；另一個場景就是叼羊。這兩個場合，都有最多的群體參與，為一個婚禮盡可以大肆鋪張你的熱情，也是在給未來成家的男女一個相互「觀望」、「看見」的機會。

入秋後，老吾守爾門前的麥地因為沒有了任何阻擋而變得格外開闊，地上是種莊稼的暄土，非常適宜跑馬。專為婚禮的叼羊在客人陸續到達之後就開始了，以新郎馬隊的到來為最高潮，鷹笛、手鼓在這個時候最為熱烈，人們聚在屋外的門口群起舞蹈，兩邊的馬隊會攪在一起以強悍的力臂肉搏，最後勝的一方占盡風光，把叼在手裏的羊扔在主人家門前邀獎，這是新郎的進入儀式。塔吉克人專門為這個環節唱的歌很有意思，歌名就叫《夏尼來了》，描述新郎的穿戴與神采、品行與未來。「夏尼」的語意極為高貴，意為「國王」。在帕米爾重山盡鎖的高原深處，在一生中的某一刻，人人都有成為「國王」的一天，天下沒有比這個詞更確切、更傳神的表達了，把婚禮中的心境和情緒，把對一個新人的全部期望與祈願都表達得淋漓盡致。老奶奶白克木親自拋撒麵粉，丈母娘塔吉哈尼給第一次正式上門的女婿端了一碗奶茶，達吾提招呼著幾個小夥子為女婿牽來迎接他上門的第一隻羊。

盛大的叼羊正式開始，達吾提把一隻剛宰殺的羊拋入空中，沒等落地，已有騎手縱馬疾馳，在經過達吾提面前的一瞬伸手拽住羊就走，一是帶動整個馬隊如旋風一般掠過，馬蹄下煙塵滾動，最後成為一片彌漫的煙霧，讓人遠隔在幾公里外就能看得見。

塔吉克人對鷹無限偏愛，因為鷹是他們夢境和心理的表達。叼羊，則是最直接的投入和參與，集中表現的是力搏、奪取、征服和勝利，這對塔吉克男人是極好的訓練，讓他們在高原的堅守不是忍受，而是有歌聲、舞蹈，可以贏得女人和尊嚴地敞開擁抱。

婚禮的歡悅情緒和種種生命的暗喻，經由最瑣碎的細節來體現；婚禮的重要和神聖，須通過阿訇主持的儀式來完成，新娘、新郎第一次同時出現在一個屋裏，分站兩邊，阿訇會唸誦事先準備的經文，而後舉行儀式。主要議程是把經阿訇加持的肉、饢和一碗鹽水分別遞給新娘新郎吃完喝盡，表示從此兩人將在一起生活，甘苦同當。在這裏，同許多草原民族一樣，鹽水被賦予特殊意義，有珍貴、力量和堅固的多層賦予，新娘、新郎自此才能站在一起，開始接受祝福。這個環節極為感人，自老吾守爾開始，族中長老一一敘述，有祝福，教導、訓誡、期望，達吾提不再輕鬆，我看著他含著淚講完了話，然後與女婿行禮。經族中長老認定的方式早於伊斯蘭教傳入的時間，屬於塔吉克土著文化的一部分，這是對一對新人最權威的認定和接納。

接受眾人的祝福後，新娘、新郎交換手上各綴著一條紅綢布和一條白綢布的戒指，紅色代表酥油，白色代表麵粉，這份富裕足透的期望是高原塔吉克人世代延續最大、最高的夢想。因為這個原因，可以看到新郎的帽子上，也纏有這樣紅白兩色的綢帶，足見其在生存層面中被著意強調的深刻寓意。

完成戒指交換儀式後，會有一位老年婦女端著一碗糖、葡萄乾、杏乾和核桃從新娘、新郎的頭頂傾倒而下，人們會瘋搶一陣，一粒都不剩，這有甜和期盼生子的寓意，從新人頭頂傾瀉而下，所有那些零碎食物就沾盡了喜氣。這時候，眾人以新人為中心圍聚，高聲呼喊「祝福你們」！這是新娘、新郎可以坐下來的允許，塔吉克人通宵達旦的歡慶由此開始。

第二天，踏出達吾提家門最早的是捆駱駝、牽馬的人，送給女兒的陪嫁被捆在駝垜子上。新郎

隨後出門登上馬，眾人打著鼓、吹著鷹笛相隨；新娘出門就難了，從屋裏一直哭到屋外，與家中每一位長輩和同輩的女性一一擁別，我在塔吉哈尼和她幾個妹妹的眼中看到了真正的悲傷，哭紅了雙眼，這是塔吉克人的哭別。新娘最後騎於新郎馬後，依舊有麵粉的拋撒和敬的茶，祝福的寓意已經很輕，讓新娘痛的是就此別過父母和所有家人，將來再回來，就是別家的客人了。

新郎馱著他的新娘遠去，伴親的人跑得更快，一路打著手鼓在馬上、在駱駝上高唱，這是在向整個高原發布。走過穹托闊依草甸之後的大片礫石戈壁，可以更清楚地看到堆積著冰蓋的慕士塔格在默默注視，箚萊甫相河遠遠伸去，行進在河畔的馬隊亦如蟻點。

尾聲

當我在喀拉蘇達阪與達吾提告別回到穹托闊依的時候，吃驚地發現常日鮮見有人來往的托庫子布拉克來了很多陌生的人和車，他們背著測繪儀和標杆在測路。在西琳的婚禮前，隨馬木提哥兒幾個去一天路外的地方打柴，我看到了另外一撥人租了駱駝往依沙布拉克的方向去，據說，也是在探路。關於修路的事，是帕米爾高原東部邊緣這一年最重要的話題。

一條確切的消息，國家將投資三億元重修從麻紥到托庫子布拉克一〇九公里的路。由於與巴基斯坦和阿富汗毗鄰，本世紀初的國際局勢使這條公路的修通顯得十分必要，這條兩千年前的國防大道重新被予以重視。另一條大道，從塔什庫爾幹河谷跨越帕米爾東部高達邊緣一直通達托庫子布拉克的重重大山之間，據說，那裏一發現了品相極好的鐵礦石，也許開採五十年都採不完，畲萊甫相河畔數千年延綿不斷的牧道將被鏟平或被棄，這條路的修建資金也高達三億元！

我看不出太深遠，只擔心鐵礦石開採出來後，會提取畲萊甫相河大量的河水洗礦，廢水將怎樣處理？注入地下或河裏，無疑都是極大的污染，之後還會沿著河脈一直流去塔里木河，對整個塔里木盆地的環境產生影響，這有人知道嗎？

據資料證實，作為世界最大的鐵礦石消耗國，中國每年的鐵礦石消耗量約占全世界的四分之一強或三分之一，使得巴西、墨西哥、澳大利亞這些資源供給國盡可以無限制提價，從二〇〇〇年初至今，世界鐵礦石價格的提升速度驚人，每年都有高達數十個百分點甚至翻倍的飆升，托庫子布拉克的鐵礦石將為整個中國所用，這將是何等重大的一件事！帕米爾高原的歷史延續數千年，除了過往通道的作用，高原之下的大片平原沒有對帕米爾過多的需求，這種極不對稱的交流第一次有可能被改變，由此會帶來什麼樣的影響呢？

帕米爾的諸多高山無語，流淌的箚萊甫相河無語，只有默默地注視。

相隔兩個月後，我在陸地路距近七千公里以外最後完成這部書稿，突然接到電話。打電話的，是剛從托庫子布拉克隨礦老闆到達喀什葛爾採購東西的其拉克。他告訴我：托庫子布拉克鐵礦廠的路，已修到了距喀拉蘇達阪僅一山之隔的蓋夾克達阪。

說起來，其拉克是祖木來提女婿的哥哥，應是近親。他的名字很有意思，翻譯過來極具象徵意義：燈。

不知道，二十幾年前這個普通牧羊人起的名字，能不能真如其名，願他的光芒能給帕米爾高原照亮前邊還要走很久很久的路。

附錄：吾守爾．尼牙孜及其家族完整譜系

第一代

吾守爾．尼亞孜　父親　104歲（年輕時曾做過教師）
白克木．加瑪拉里　母親　88歲
瑪木蘇．尼亞孜　姑姑　86歲

第二代

達吾提．吾守爾　長子　53歲（原村長、村書記）
蘇尼克．吾守爾　長女　51歲（出嫁）
祖木來提．吾守爾　次子　50歲（鄉間阿訇）
蘇萊曼夏．吾守爾　三子　45歲（鄉人大主席團主席）
奴瑞克．吾守爾　次女　43歲（出嫁）
娜奴赤．吾守爾　三女　41歲（出嫁）
澤麗菲婭．吾守爾　四女　39歲（出嫁）

艾則孜・吾守爾　五女　37歲（出嫁）
瑪斯吉拉・吾守爾　六女　35歲（出嫁）
依紮提別給・吾守爾　七女　33歲（出嫁）

第三代

達吾提・吾守爾與塔吉哈尼・奴爾仲一支

馬木提・達吾提　長子　32歲
塔吉古麗・吾加木娜紮爾　妻　32歲
卡斯木・達吾提　次子　30歲
拉里克・巴若題　妻　30歲
祖來好・達吾提　長女　26歲（出嫁）
西琳・達吾提　次女　21歲（待嫁）

祖木來提・吾守爾與古麗仙・瑪熱買提汗一支

買熱買提江・祖木來提　長子　27歲
阿爾祖別給姆・北尤布乃克　妻　25歲

萊麗・祖木來提　長女　25歲（出嫁）

阿麗瑪蘇里坦・祖木來提　次女　23歲（出嫁）

熱娜古麗・祖木來提　三女　20歲

古麗帕勒・祖木來提　四女　16歲

蘇萊曼夏・吾守爾與古麗・納哈尼克一支

古勒汗・蘇萊曼夏　長女　17歲（縣高中二年級）
庫爾班買買提・蘇萊曼夏　長子　14歲（縣初中二年級）
艾夏麗克・蘇萊曼夏　次女　10歲（縣小學就讀）
巴赫瑪・蘇萊曼夏　三女　7歲（縣小一年級）
加瑪尼・蘇萊曼夏　四女　7歲（縣小一年級）

第四代

馬木提・達吾提與塔吉古麗・吾加木娜紮爾一支

阿布都拉再則・納哈・馬木提　長子　10歲（村寄宿學校就讀）
依明・馬木提　次子　7歲（村寄宿學校就讀）
托乎提・馬木提　三子　1歲

卡斯木・達吾提與拉里克・巴若題一支

吾克買提・卡斯木　長子　9歲（縣寄宿學校就讀）
白給克・卡斯木　次子　7歲（村寄宿學校就讀）
嬌吾朗・卡斯木　女兒　5歲

買熱買提江・祖木來提與阿爾祖別給姆・北尤布乃克一支

艾山・買熱買提江　長子　4歲
湖西瓦哈提・買熱買提江　女兒　2歲
敏夏・買熱買提江　次子　1歲

天之搖籃

作者／劉湘晨　總編輯／蔣豐雯
出版者／集文創事業有限公司 E-mail：spectrum@hotmail.com.tw

發行統籌／華品文創出版股份有限公司　地址：100台北市中正區重慶南路一段57號13樓之1
讀者服務專線：(02)2331-7103　(02)2331-8030　讀者服務傳真：(02)2331-6735
E-mail：service.ccpc@msa.hinet.net　部落格：http://blog.udn.com/CCPC

總經銷／大和書報圖書股份有限公司　地址：台北縣新莊市五工五路2號
電話：(02)8990-2588　傳真：(02)2299-7900

封面設計／呂宜靜　內文構成／劉靜薏
製版／上晴彩色印刷製版有限公司
印刷／東海印刷事業股份有限公司

2010年（民99）11月1日初版

定價／320元

ISBN 978-986-86702-1-1

國家圖書館出版品預行編目資料

天之搖籃 / 劉湘晨著.--初版.--台北縣新店市；
集文創出版：民99.11
224面；14.7X21公分--
ISBN 978-986-86702-1-1（平裝）

1.塔吉克族 2.社會生活 3.民族文化

536.2857　　99020642

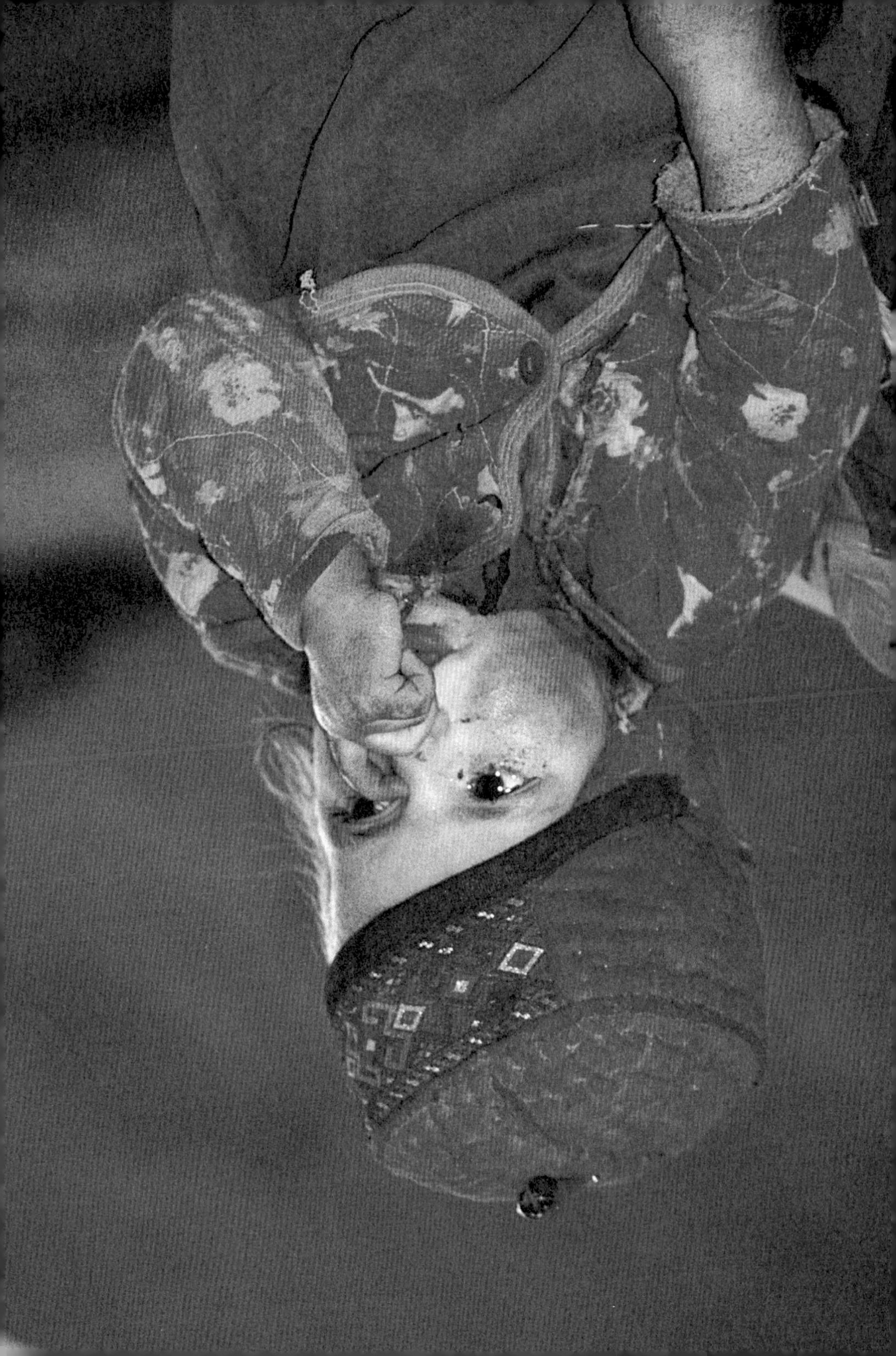

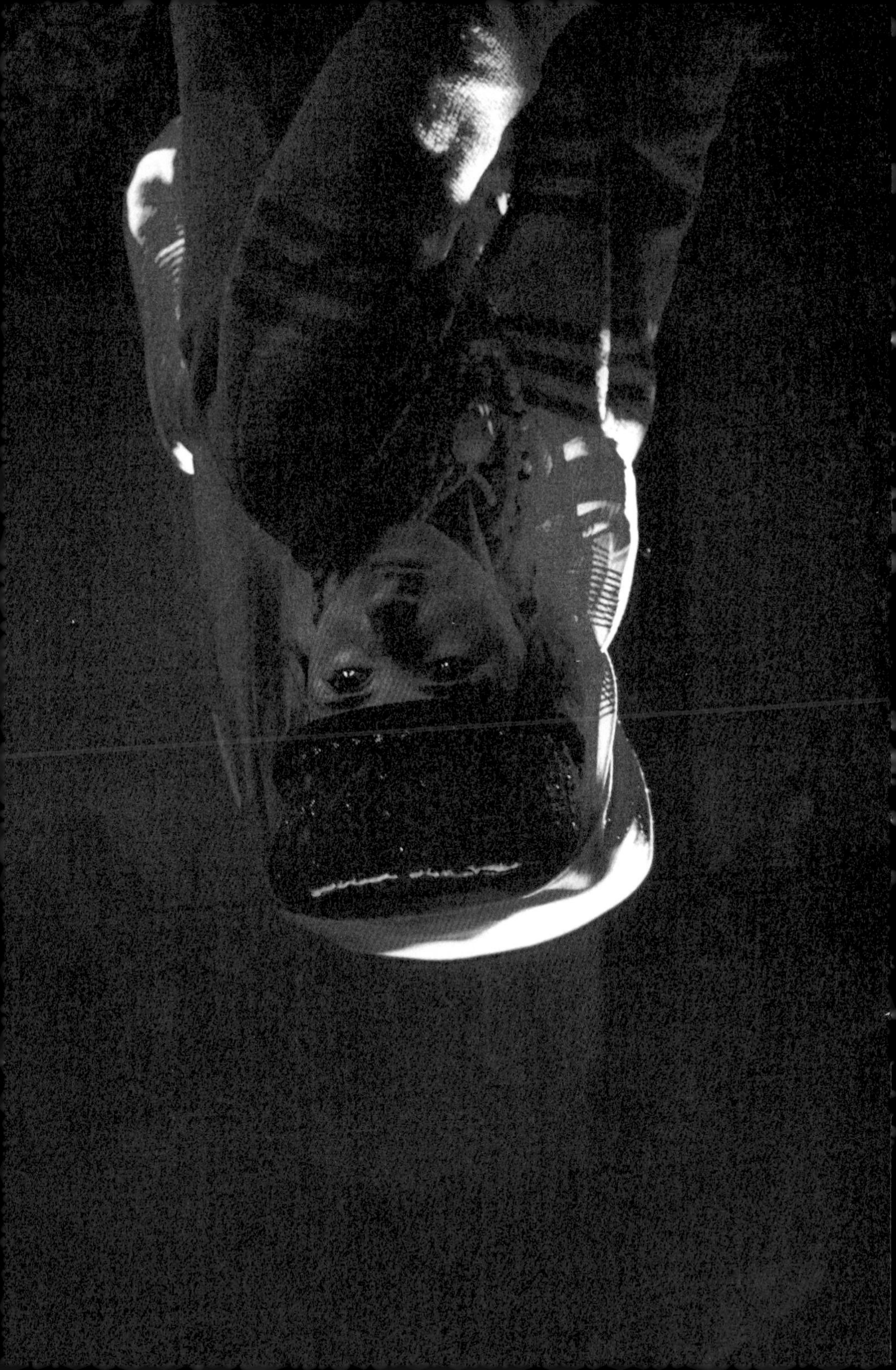

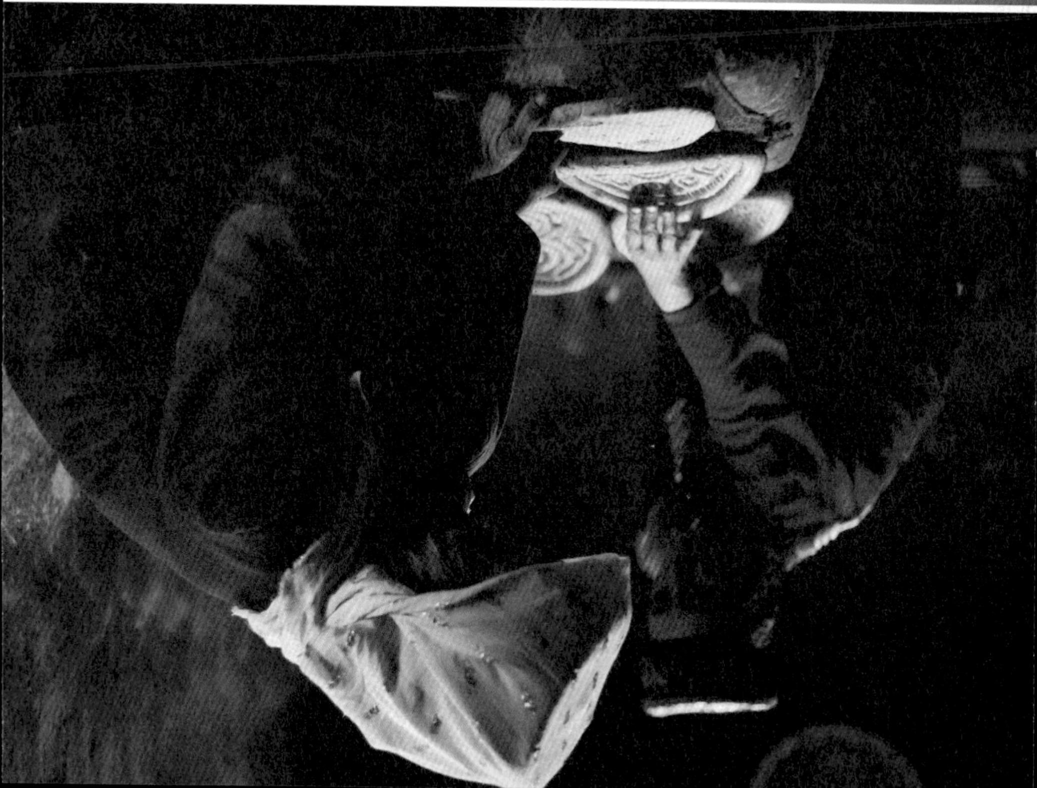

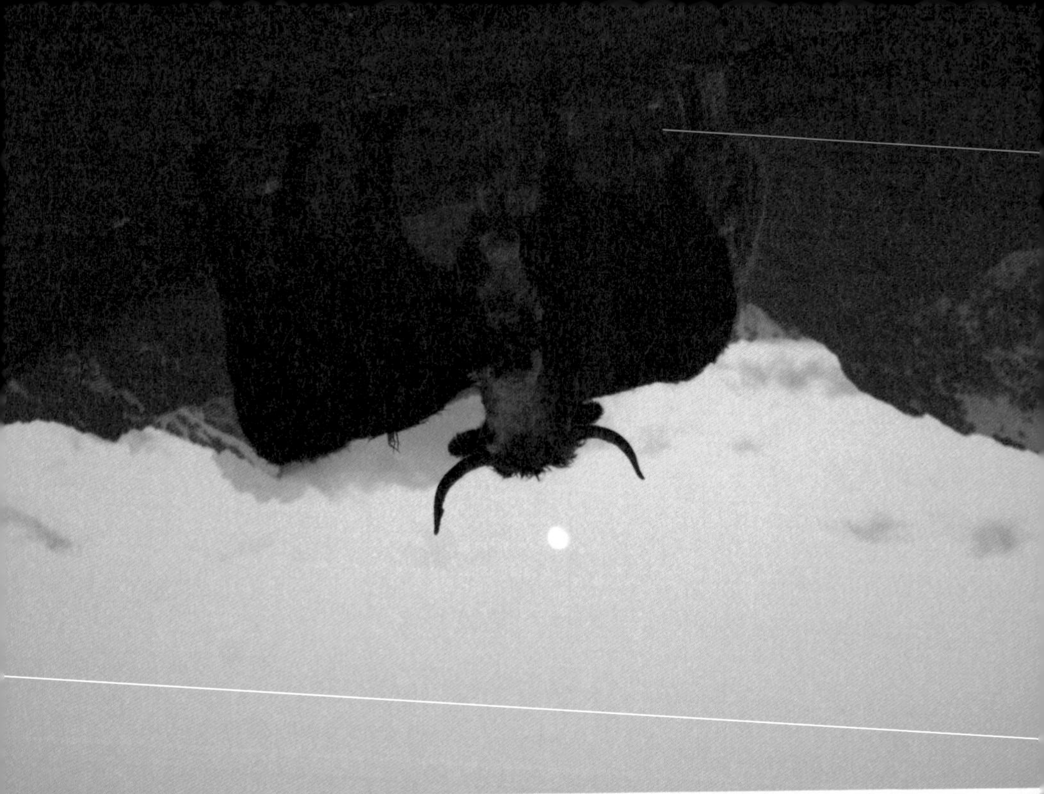